Christl Oelmann • Saturn – Freund und Begleiter

Christl Oelmann: geprüfte Astrologin DAV. Referentin in Deutschland und der Schweiz. Leiterin von Workshops in Astrologie und Buddhistischer Psychologie. Arbeitete viele Jahre in einer Kinderarzt- und Kinderpsychotherapiepraxis und danach 20 Jahre mit straffälligen Jugendlichen. Seit 1993 beschäftigt sie sich intensiv mit psychologischer Astrologie. Ab 1997 Ausbildung bei Hajo Banzhaf und Brigitte Theler. 2001 bestand sie die Fachprüfung des Deutschen Astrologen-Verbandes (DAV). Danach astrologische Lehrtätigkeit und Leitung der Beraterausbildung an der Astrologieschule von Hajo Banzhaf und Brigitte Theler. Nach deren Tod leitete sie die Schule sechs Jahre lang. Website: www.kinderastrologiemuenchen.de.

Publikationen: «Die karmischen Absichten der Seele» (2021), «Macht und Ohnmacht im Horoskop» (2019), «Angstmuster im Horoskop» (2017), «Der Rote Faden durch das Kinderhoroskop» (2012), «Der Rote Faden auf dem Weg durchs Horoskop» (2009). Autorin bei der Fachzeitschrift «Astrologie Heute».

Christl Oelmann

Saturn – Freund und Begleiter

Mit Saturn über die Schwelle gehen

Edition Astrodata

Gewidmet euch allen, die ihr mich immer wieder aufgefordert habt, ein Buch über Saturn zu schreiben.

Mu, ich danke dir.

Edition Astrodata, 8907 Wettswil / Schweiz

Website: www.astrodata.com / E-Mail: verlag@astrodata.ch

Originalausgabe

Umschlagbild: Edward Burne-Jones, «Liebe leitet den Pilger» (1896/97), Tate Gallery, GB-London, Quelle: Sailko, CC BY 3.0, Wikimedia

Horoskopzeichnungen: Astrodata AG, CH-8907 Wettswil

Druck und Bindung: Finidr, Tschechien – www.finidr.cz

ISBN 978-3-906881-14-0

Im Zeitalter des Wassermanns muss Saturn neu gedacht werden.

Inhalt

Hinweise zum Gebrauch dieses Buches

Nicht nur in der Astrologie sind wir daran gewöhnt, zu deuten. Deuten be-deutet, etwas zu wissen, und das wiederum vermittelt Sicherheit. In diesem Buch aber möchte ich anregen, ganz im Einklang mit Saturn, das Gedeutete ebenso zu hinterfragen wie – vor allem – uns selbst. Und zwar mit den sehr saturnischen Fragen: «Ist das wirklich so?», «Ist das wahr?». Denn nur das Fragen, nicht das Deuten, führt zu tieferem Erkennen.

Deshalb werden hier viele Fragen zur Selbsterkenntnis – im Alltag wie auch im Umgang mit dem Horoskop – gestellt. Es ist zwar sinnvoll, aber nicht unbedingt notwendig, alle Fragen für sich zu beantworten. Die Fragen aber, die eine emotionale Reaktion auslösen, welcher Art auch immer, möchten gern beantwortet werden.

Redundanzen sind im Allgemeinen langweilig, hier in diesem Text aber notwendig, um die teilweise völlig neuen Gedanken über Saturn und seine Energie zu verdeutlichen und die verschiedenen Aspekte miteinander zu verbinden. Es ist – mit einem Augenzwinkern gesagt – etwa damit vergleichbar, jemandem, der in einem autoritären System gross geworden ist, den Gedanken der Demokratie nahezubringen.

Vorwort

Die beiden Zeichen Fische und Wassermann und so auch die beiden nach ihnen benannten Zeitalter, deren eines wir geschichtlich überblicken und deren anderes gerade begonnen hat, werden jeweils von zwei Herrschern «regiert»:

Von Anbeginn an wurde dem Zeichen Fische der Planet Jupiter als Herrscher zugeordnet, der dann mit der Entdeckung von Neptun zum «alten Herrscher» wurde. Über den Wassermann herrschte Saturn, der von Uranus als dem neuen Herrscher abgelöst wurde und damit dann «der Alte» war. Skorpion erfuhr ebenfalls einen Regierungswechsel, sein alter Herrscher Mars wurde durch Pluto «entmachtet». Ich möchte den Fokus hier aber nur auf Fische und Wassermann richten.

Die Erklärung, die alten Astrologen hätten für zwölf Zeichen nur sieben Planeten als Herrscher zur Verfügung und deshalb den Planeten Mars, Jupiter und Saturn jeweils zwei Zeichen zugeordnet, ist sicher richtig, doch vielleicht auch etwas dünn. Kann es nicht sein, dass «energetisch» mehr dahintersteckt? Dass als eigentliches Ziel die *gemeinsame* Nutzung der Energien der beiden Herrscher des Zeichens vorgesehen ist?

Sehen wir die Energie von Jupiter als eine des Wachstums, der Hoffnung, des Glaubens an, dann ist eine Wirkung in den letzten 2000 Fische-Jahren wahrhaftig nicht zu übersehen. Wachstum, im Guten wie im Schlechten, überall.

Diese Jupiter-Energie hat auch mit der Einsetzung von Neptun als neuem Herrscher von Fische (1846) nicht nachgelassen. Interessanterweise hat Henri Dunant, ein Schweizer Philanthrop, mit Nutzung dieser neuen Energie initiiert, dass 1863 in Genf das «Rote Kreuz» gegründet wurde. Unter dem Eindruck der Schlacht bei Solferino (1859), die mehr als 22000 Tote und Verwundete forderte, veranlasste er die Einberufung einer internationalen Konferenz, auf der 1864 dann die «Genfer Konvention» verkündet wurde.

Für mich ein Wachstum an Verbundenheit und heilsamer Zuwendung – *ein* Ausdruck der gemeinsamen Nutzung der Energien beider Planeten Jupiter und Neptun. Auch wenn unser Augenmerk aktuell sehr viel mehr auf das Trennende und die daraus entstehenden enormen Schwierigkeiten in unserer Welt gerichtet ist, die Verbundenheit und die heilsame Zuwendung finden wir immer überall, im Grossen wie, vor allem, im Kleinen.

1781 wurde dem Zeichen Wassermann ein neuer Herrscher zuerkannt: Uranus, der in der Astrologie, allein schon durch die zeitliche Nähe seiner Entdeckung, mit den Maximen der Französischen Revolution – Freiheit, Gleichheit, Brüderlichkeit – in Zusammenhang gebracht wird. Er löste Saturn ab, der seitdem als der alte Herrscher betrachtet wird. Es verbindet die beiden Planeten aber noch mehr als die gemeinsame Herrschaft über das Zeichen Wassermann.

Wenn in der Astrologie von Saturn als *dem Hüter der Schwelle* gesprochen wird, dann ist die Schwelle von Saturn zu Uranus gemeint, zwischen dem letzten der irdischen und dem ersten der spirituellen Planeten. Eine Schwelle verbindet zwei Räume miteinander oder auch zwei Zeiten. Ist es nicht ein interessanter Gedanke, dass die Schwelle den alten und den neuen Herrscher von Wassermann verbindet und dass wir an der Schwelle zum Wassermannzeitalter stehen oder sie gerade überschritten haben? Es könnte doch eine Herausforderung für uns Menschen sein, in dieser neuen Zeit auch die Energien dieser beiden Planeten gemeinsam in einer heilsamen Weise zu nutzen. Die Begrenzung im Grenzenlosen zu finden, das Irdische mit dem Spirituellen zu verbinden, das Materielle mit dem Geistigen. Dazu bedarf es aber einer beinahe unumgänglichen Voraussetzung:

Wir müssen unsere Betrachtungsweise von Saturn verändern.

Dazu soll dieses Buch motivieren und einen Weg anbieten.

Einführende Gedanken

Im Zeitalter des Wassermanns hat Saturn seinen Geist aufgegeben – ER FEHLT.

Zumindest entsteht dieser Eindruck, wenn man die Gesellschaften, die Ereignisse, den Zeitgeist betrachtet. Aber zum Grossteil ist dies auch an einzelnen Menschen und ihrem Umgang mit sich und miteinander festzustellen. Nicht umsonst war Saturn früher auch der Herrscher von Wassermann. Die unreif gelebte Energie von Wassermann setzte und setzt ein beinahe grenzenloses Bedürfnis nach falsch verstandener Freiheit, Freisein, Freiwilligkeit, Besonderheit, übertriebener Individualität und nach ständig Neuem frei, koste es, was es wolle … gleichgültig, dass anderen dabei auch Schaden zukommen könnte.

Diesem unreifen Umgang musste und muss die Energie des alten Herrschers Saturn massvolle Grenzen setzen, sie wird heute mehr denn je benötigt. Beinahe überall in der sogenannt «zivilisierten Welt» herrscht Masslosigkeit: im Denken, in den Emotionen, im Reden und im Handeln. Im Begehren, etwas haben zu wollen, etwas so haben zu wollen, wie es den eigenen Vorstellungen entspricht. Das ist an sich nichts Ungewöhnliches, sondern etwas zutiefst Menschliches – das Problem ist aber das Über-Mass, die Masslosigkeit, in der begehrt wird. Es herrscht ein Übermass an Kritik, das zu hören und zu lesen ist. Selbst an Dingen oder Situationen, die an sich gut sind oder gut gemeistert wurden, ist es heute fast ein Muss, auch noch eine Kritik anzubringen.

Man mag das Kritisieren der Saturn-Energie zuschreiben, doch wenn man es etwas genauer betrachtet, geht es um ein Übermass von Jupiter: «Ich weiss oder wir wissen es besser!» Es fehlt an selbstkritischer Beobachtung des eigenen Denkens, Redens, Handelns, des eigenen Geistes. Ich glaube, es war Heinz Erhardt, der einmal sagte: «Sie dürfen nicht alles glauben, was Sie denken.» Hier fehlt es an Eigenkritik, die durchaus Saturn zuzurechnen ist.

Obwohl in den sozialen Medien extrem viel kommuniziert wird, fehlt es an klaren Gedanken und der Kenntnis von Fakten, vor allem aber findet sich hier im Umgang miteinander ein mangelndes Verantwortungsbewusstsein. Aber nicht nur dort wird wenig Verantwortung für das eigene Denken, Reden und Handeln übernommen. Die selbsternannten und selbstherrlichen Autokraten in dieser Welt, die Männer, die sich die Freiheit nehmen, ihre uneingeschränkte Machtgier auszuleben auf Kosten ihres Volkes, die anderen dadurch die Freiheit des Denkens und Redens und die Freiheit eines selbstbestimmten Lebens nehmen – ihnen fehlt das Gefühl der Verantwortung und das Gefühl für das rechte Mass durch Saturn. Wir leben in einer Welt der «Ich-linge», wie ich es nenne, und nicht mehr in einer Welt der «Wir-linge». Ich erlaube mir das zu sagen, ich bin alt und überblicke einen längeren Zeitraum.

Saturn, der alte Herrscher von Wassermann –
ER FEHLT.

Damit meine ich nicht nur den astrologischen Saturn, den ja jeder im Horoskop mit sich auf die Welt bringt. Ich meine die Energie von Saturn, die allen menschlichen Wesen innewohnt, auch wenn sie nichts von Astrologie wissen (wollen). Saturn als innere Haltung.

Der berühmte Spruch: «Der bestirnte Himmel über mir und das moralische Gesetz in mir» stammt von Immanuel Kant. Dieses moralische Gesetz, diese Saturn-Energie, tragen wir alle in uns … doch wie weit wir ihr folgen, ist eine Frage der gereiften Persönlichkeit *(→ siehe dazu auch Kapitel «Der heilsame, reife Umgang mit der Saturn-Energie» auf S. 49)*. Aber nicht zuletzt ist es eine Frage der geistigen, der spirituellen Haltung. Sowohl im persönlichen Reifungsprozess wie auch in der spirituellen inneren Haltung steht uns Saturn hilfreich zur Seite.

Es ist deshalb enorm wichtig, Saturn seinen Einfluss, seinen Platz wiederzugeben, gerade in dieser Zeit, in der wir leben, im Wassermannzeitalter. Die Notwendigkeit in unserer Zeit der übertriebenen Individualisierung und der beinahe grenzenlosen Freiheiten, sich seine Energie nutzbar zu machen, welche Struktur, Führung anbietet, welche hilft, gesunde Grenzen zu setzen, würde vielleicht auch verhindern, dass in anderen Gegenden der Welt Autokraten und Despoten die Macht übernehmen oder auch rechte Gruppierungen, die versuchen, ihre Ängste durch Ideologien, Nationalismen, Rassismen oder auch andere -ismen zu beruhigen.

Es ist auch deshalb wichtig, Saturn wieder seinen Einfluss zurückzugeben, weil eine gereifte Persönlichkeit *nur* mit Verantwortungsbewusstsein für andere Menschen, für die Umwelt, die Natur und letztendlich für sich selbst möglich ist.

So denke ich seit vielen Jahren über Saturn nach, den astrologischen Saturn, der dem «bestirnten Himmel» angehört; so, wie wir ihn im Horoskop als den letzten der irdischen Planeten kennen. Seine Energie wird von Kindheit an *von aussen* an uns herangetragen, zum Beispiel durch Eltern, Erzieher, Schule, Umgebung sowie der Gesellschaft. Ich beobachte aber auch ebenso das «moralische Gesetz» *in uns,* das weit über den astrologischen Saturn hinausreicht, hinein in eine ethische, innere Haltung, die unsere Persönlichkeit prägt. Ich nenne diese unserem individuellen Wesen und unserer individuellen Reife entsprechende Haltung:

den geistigen, den spirituellen Saturn, *dessen Energie im freiheitlichen Wassermann einen Ausdruck findet.*

Der Hüter der Schwelle

Der Ausdruck «Hüter der Schwelle» wurde schon im Altertum, wahrscheinlich noch viel früher, verwendet und war im Ursprung nicht (nur) auf Saturn bezogen. Hüter der Schwelle – da tauchen natürlich die Fragen auf, welche Schwelle gehütet wird und was dahinter liegt. Stets war eine Schwelle gemeint, welche die allgemein zugänglichen Bereiche von den verborgenen, esoterischen trennt.

Lange bevor die drei geistigen Planeten entdeckt wurden, wurde Saturn schon als Hüter der Schwelle angesehen. Und auch hier ist interessant, was als «hinter der Schwelle» gedacht war: eine höhere Bewusstseinsebene, Sphären, die zu höheren Erkenntnissen führen und die zu erreichen nicht so einfach ist, sind diese Ebenen doch auch mit bestimmten Gefahren verbunden. So musste der Mensch zuerst eine Art «Reifeprüfung» bestehen, um nachzuweisen, dass er vom Wissen und vom Charakter her reif genug war, um mit den erweiterten Erkenntnissen, welche diese Sphären «hinter der Schwelle» mit sich bringen, verantwortungsvoll und gefahrlos umzugehen.

Sehen wir den Bereich vor der Schwelle als irdisch und den Bereich nach der Schwelle als geistig, spirituell an, dann geht es darum, vom Entweder-oder zum Sowohl-als-auch zu gelangen. Oder, von der Absicht der Seele her betrachtet, darum, von der subjektiven Betrachtungsweise der Persönlichkeit, des Ichs, her zum objektiven Wollen der Seele zu gelangen.

Vor der Entdeckung der drei spirituellen Planeten Uranus, Neptun und Pluto wurde Saturn als der «grosse Übeltäter» bezeichnet, begleitet von Mars, dem «kleinen Übeltäter». Nach Bekanntwerden der drei Neuen, vermutlich aber vor allem mit der gleichzeitigen Wandlung der klassischen Astrologie in die psychologische, wird Saturn als der letzte der irdischen Planeten, als Hüter der Schwelle zu den spirituellen Planeten gesehen. Vielfach hat dann in den Köpfen und Herzen der deutenden Astrologen Pluto die Rolle des zu fürchtenden «Bösewichts» von Saturn übernommen.

Auch auf dieser Schwelle von den «irdischen» Planeten diesseits der Schwelle hin zu den «spirituellen» Planeten jenseits geht es letztendlich um eine Transformation auf dem Entwicklungsweg des Menschen, die sowohl einen Paradigmenwechsel als auch einen Perspektivwechsel erfordert.

Bei diesem speziellen Paradigmenwechsel – einem Wechsel der Grundannahmen –, *die Saturn betreffen,* geht es darum, die Annahme zu verändern, dass die Ursache für etwas in Saturn liegt, *er* also hemmt, *er* Ängste verursacht, *er* blockiert, und zu erkennen, dass es in *uns* liegt, wie *wir* seine Energie nutzen *(→ siehe dazu auch «Die Energien der Planeten» auf S. 20).*

Der ebenfalls notwendige Perspektivenwechsel bedeutet, eine neue Betrachtungsweise einzunehmen: sowohl von Saturn als auch dessen, was ist *(→ siehe auch «Wie gelangen wir dorthin?» auf S. 103).*

Ein **Hüter der Schwelle** hat zu prüfen wer über die Schwelle treten darf. Ich stelle mir ihn mal ganz irdisch vor, wie den Türsteher einer Diskothek. Der steht zwar *vor* der Tür und prüft den Einlass, doch er gehört auch zum Team *hinter* der Tür und – vor allem – er kennt das, was hinter der Tür ist. Er kennt das Innere der Diskothek, die Räume, aus denen sie besteht, er kennt die Musik, die aufgelegt wird, die Menschen, die dort zu tun haben, die Getränke, die dort angeboten werden. Er *muss* das kennen, er *muss* dazugehören, denn sonst könnte er nicht entscheiden, wer eingelassen wird und wer nicht. Er muss also vor und hinter der Tür in gewissem Sinne «Zuhause» sein.

Wenn nun Saturn der Hüter vom irdischen Diesseits der Schwelle ins spirituelle Jenseits von ihr ist, dann muss er sowohl die irdischen Planetenenergien des Alltags kennen als auch die der drei spirituellen Planeten. Er muss sowohl im irdischen als auch im spirituellen Energiebereich «zu Hause sein». Er muss die Psyche, die dem irdischen Teil der Persönlichkeit zuzurechnen ist, kennen, wie auch die Seele, das Geistige, das Spirituelle, das uns buchstäblich beseelt. *Er muss dazugehören.* So sehe ich Saturn mittlerweile als den letzten der irdischen und den ersten der spirituellen Planeten an.

Ich möchte mit einer Gedankenabfolge beginnen, die folgende Fragen aufwirft:

Was denke ich über Saturn allgemein?

Was denke ich über meinen Saturn im Horoskop?

Ist das wirklich so?

Ist das wahr?

Wenn wir uns mit dem Horoskop beschäftigen, ein Horoskop deuten, dann führen uns zwei Wege zu einem Ergebnis: der eine Weg, der die einzelnen Faktoren deutet, wie es seit Jahrzehnten, manchmal sogar Jahrhunderten gelehrt wird, der andere Weg, was sich aus eigener Erfahrung oder den Erfahrungen anderer ableiten lässt. Beides zusammen führt uns (meist) zu der Annahme: So ist es.

Doch ist das wirklich so? Ist das wahr?

Saturn steht, wie kein anderer Planet, für ein klares, ordnendes Bewusstsein, für die Möglichkeit, aus einer gewissen Distanz heraus zu (über-)prüfen und zur Wahrheit zu gelangen. Doch leider verbinden wir Saturn diesseits der Schwelle so gut wie immer mit gelernter Theorie, vergangenen Erfahrungen, Glaubenssätzen, Vorstellungen, Meinungen. Und unsere Wahrnehmung seiner Energie ist immer (be-)wertend, und das meist negativ.

Jede Wahrnehmende aber erlebt ihre eigene Realität, entsprechend der karmischen Muster, die ihre Wahrnehmung prägen. Im Allgemeinen folgen den Wahrnehmungen sofort Bewertungen: Etwas gefällt oder gefällt nicht, ist willkommen oder wird abgelehnt. *Bewertungen aber engen ein,* sie sind meistens dual. Sie engen ein auf «entweder – oder» und legen uns damit fest in einem dualen Denksystem.

Auch Bewertungen im Horoskop engen ein, legen uns fest: So bin ich. Wir engen uns ein oder werden eingeengt auf einen bestimmten Blickwinkel, der aus einer bestimmten Geisteshaltung heraus entsteht. Gerade bei Saturn engt die herkömmlich astrologische Deutung ein: auf Hemmungen, Blockaden, Ängste, auf «nicht können», «du musst» und «du sollst» oder «du sollst nicht». Die Deutung engt ein auf einen *Mangel*. Etwas (Ich) ist nicht richtig, muss verbessert werden. Saturns Energie wird diesseits der Schwelle fast immer *im psychologischen Kontext* betrachtet und genutzt, im Bereich des

Denkens, der Emotionalität und dem daraus entstehenden Verhalten. Im körperlich-emotionalen Bereich aber befinden wir uns meist im Mangel-Denken, unsere Erfahrungen sind dementsprechend und unser Verhalten auch.

Ich spreche hier nach Art der üblichen Astrologie über Saturn, die anderen Planeten sowie Sonne und Mond und was sie bewirken oder wie sie auf uns wirken. Doch ist das wirklich so?

Ist das wahr, dass *sie* auf uns wirken, dass *sie* etwas bewirken?

Die Energien der Planeten

Das Gefährliche an der Astrologie ist, dass die Menschen sie häufig missverstehen. Sie denken: «Die Sterne machen etwas …». Und wenn «die Sterne» dann Saturn, Uranus, Neptun oder Pluto heissen, fürchten sie sich vor deren Wirken. Sie denken zwar falsch, aber dieses falsche Denken können sie auch irgendwie nicht lassen. Nicht die Sterne oder die Planeten «machen etwas», sondern *wir,* mit unseren Gedanken, Emotionen und Handlungen. Wir fürchten uns vor den Energien der Planeten und Lichter, statt sie willkommen zu heissen, statt ihr Angebot zu nutzen und damit etwas zu gestalten. Ein jeder Tag ist ein neues Angebot des Lebens an uns, *das wir gestalten können,* auch wenn uns das Angebot unangenehm ist. *Wir* haben die Wahl es zu gestalten. Wir haben auch – jeden Tag neu – die Möglichkeiten, die Energien, die uns durch die Planeten angeboten werden, zu nutzen und dadurch unser Leben zu gestalten.

Es gilt folgende Überlegung, die im astrologischen Deutungsalltag sehr häufig vergessen geht: Die beiden Lichter Sonne und Mond sowie die Planeten sind Gesteins- oder Gasobjekte. Sie sind weder gut noch böse, weder freundlich noch gefährlich. Sie «tun» uns auch nichts, sie helfen nicht, sie verhindern nicht, weder in der Radix noch in irgendwelchen astrologischen Auslösungen. Sie sind nichts weiter als materielle Objekte, die zu unserer Galaxie gehören. Doch sie werden in der astrologischen Deutung meistens vermenschlicht, so, wie wir das auch sehr häufig mit Tieren tun. Wir geben ihnen menschliche Züge. Der Neptun vernebelt, der Jupiter bringt Glück, der Saturn behindert, bremst, und Saturn/Pluto-Berührungen bringen Unglück in unser Leben.

Doch ist das wirklich so? Ist das wahr?

Kein Planet führt Ereignisse herbei, auch nicht in den Auslösungen. Seine Energie begünstigt ein gewisses Spektrum möglicher Ereignisse, er ruft sie aber nicht hervor. Ob aus dem Spektrum bestimmte Ereignisse bevorzugt auftreten oder wahrgenommen werden, hängt von den karmischen Aufgaben, dem körperlichen, emotionalen und mentalen Bewusstseinsstand, der Sozialisation der betroffenen Person sowie der Art und Weise, wie sie Erfahrungen verarbeitet, ab.

Die Planetenenergien sind rein geistige, spirituelle Energien, die die Himmelskörper umgeben, von ihnen ausgehen (nicht von ihnen «persönlich» ausgesendet werden). Energien, die dem Gesamten – und damit auch der Erde und allem, was auf ihr ist – von «kosmischen Kräften» angeboten werden. Meine Betonung liegt auf *allem,* nicht nur den menschlichen Wesen. Diese Energien sind uns zugewandt, wir dürfen und können sie für gemeinschaftliche und persönliche Belange zu Hilfe nehmen. Sie werden uns angeboten, und wir dürfen sie nutzen. Dabei dürfen wir aber nicht den Fehler machen, zu denken, dass wir sie *be*-nutzen können, denn damit würden wir sie kleiner machen als wir selbst sind. Sie sind aber grösser als wir. Die Energien werden uns zur Verfügung gestellt, aber wir können sie nicht gefügig machen, wir können nicht über sie bestimmen.

Wer in der astrologischen Deutung wegen ihrer geozentrischen Sicht im Allgemeinen nicht beachtet wird, ist die Erde. Doch die Erde ist auch ein Planet, und sie versorgt uns mit ihrer Energie, die Leben hervorbringt, der Lebensenergie. Bitte überlegen wir Folgendes: Wir sind die sogenannten Super-Prädatoren, es gibt kein anderes Lebewesen, das uns jagt. Wir stehen auch an der Spitze der Nahrungskette. Und aus diesem Bewusstsein heraus ist vielleicht vor sehr langer Zeit das bekannte Wort aus der Bibel entstanden: «Macht euch die Erde untertan». Was daraus entstanden ist, wissen wir. Wir Menschen haben diesem Wort *nicht* entnommen, die Erde und das, was sie uns schenkt, dankbar und sinnvoll *zu nutzen.* Sondern wir haben dem Wort entnommen, die Erde sei kleiner als wir, wir könnten sie, ihre Energie und das, was sie für uns bereithält, *gefügig machen, benutzen.* Alles, was sich uns fügen muss, alles, was wir be-nutzen, sehen wir als kleiner, als geringer an als wir selbst sind. Gleichgültig, ob es ein Mensch ist, ein Tier, eine Pflanze oder ein Gegenstand. Wir gehen sehr häufig respektlos mit dem um, was wir gefügig machen oder be-nutzen.

Doch die Erde ist grösser als wir.

Die Energie der Erde wie auch die Energien der anderen Planeten und der beiden Lichter werden uns zur Verfügung gestellt, damit wir überhaupt leben und lernen können in unseren Inkarnationen. Damit wir lernen, mit ihnen umzugehen und auf diese Weise immer wieder zu einer irdischen Persönlichkeit zu reifen, die im Laufe der Inkarnationen ihr zutiefst spirituelles Wesen, ihr Verbundensein mit allem erkennt und danach handelt. Dies würde ich als «erwachen» bezeichnen.

Die Planetenenergien an sich sind «neutral», doch wir in unserer dualen Welt nehmen sie mit unserem Verstand, mit unseren Gefühlen wahr und empfinden in ihnen das, was wir hier zur Verfügung haben, eine breite Skala von ganz schlecht bis ganz gut. Wir erleben sie als bedrückend, als unangenehm, wir erleben sie als verbesserungswürdig, als Anreiz, etwas zu verändern bis dahin, etwas zu vervollkommnen. Doch es ist unsere Sichtweise, basierend auf karmischen Bedingungen, auf Erfahrungen aus anderen oder aus diesem Leben – die Energien aber sind immer dieselben.

Sie sind, wie sie sind.

Nicht einmal fördernd und einmal hemmend oder einmal gut und einmal schlecht. Das sind menschliche Kategorien aus unserer dualen Welt, die *meiner Meinung nach* auf sie nicht angewendet werden können. Die Planetenenergien erfahren ihre Färbung durch unser Denken, Fühlen und Verhalten.

Wir Menschen sind gleichsam «zusammengesetzt» aus Körper, Gefühl und Verstand, dem mentalen Geist. Diese Mischung «ergibt» das Ich, das wiederum durchdrungen ist vom All-Geist, der Seele, dem spirituellen Geist. Im Englischen wird das besser unterschieden: «mind» und «spirit».

Wir reagieren also auf das Angebot der verschiedenen Planetenenergien zunächst auf irdische, menschliche, psychologische Weise, indem wir sie als angenehm, unangenehm, gut oder böse, mit allen Zwischentönen, *erleben* und daraus ableiten, dass sie so *sind*. Wir *re-*agieren auf sie, wir agieren noch nicht. Und das ist auch sehr wichtig, denn nur über körperliche, emotionale und mentale Befindlichkeit können wir lernen. Wenn etwas sich angenehm und willkommen anfühlt, lernen wir, möglichst viel dafür zu tun, dass es so bleibt, wie es ist. Wenn wir leiden, lernen wir, möglichst viel dafür zu tun, dass es sich ändert.

Wenn wir aber «die Schwelle» überschreiten, gelangen wir zu der Erkenntnis, dass es in unserer «Macht» liegt, wie wir das kosmische Angebot der Planetenenergien nutzen können.

Saturn ist der Hüter der Schwelle, und seiner Energie wird auch das Gefühl für Verantwortung zugeschrieben. Verantwortung kann aber nur dort bestehen, wo auch tatsächlich Macht über das zu Verantwortende gegeben ist. Das heisst doch, dass wir nur dann Verantwortung für uns und anderes übernehmen können, wenn wir begriffen haben, *dass wir es sind, die etwas machen können* mit dem, was uns das Leben anbietet – und dazu gehören auch die Energien der Planeten.

Um es noch einmal zusammenzufassen:

Die Planetenenergien wirken sehr wahrscheinlich über die Aura auf die Inkarnierten und haben damit einen Einfluss in der vollen Bandbreite menschlichen Seins.

So sind es *wir,* die wir durch unser Handeln die Energien in diese duale Welt bringen, und zwar in der ganzen Bandbreite von negativen Auswirkungen bis hin zu positiven, vom Bösen bis zum Guten oder – wie ich es gerne ausdrücken möchte – vom unheilsamen bis zum heilsamen Denken, Fühlen und Handeln.

Keine dieser Energien und schon gar nicht einer der Planeten will uns etwas «Böses» oder «Gutes» (an-)tun. Es ist unser freier Wille, unser persönlicher reifer oder unreifer Umgang mit ihnen, es sind unsere Geisteshaltungen, die diese Energien gestalten.

Selbst wenn das Leben uns mit grossem Ungemach und grossem Leid konfrontiert, haben wir die Wahl, wie wir es betrachten und aus welcher inneren, welcher ethischen Haltung heraus wir damit umgehen. Ob wir die Energien in einer dunklen oder in einer hellen Form leben und weitergeben. Auch wenn wir uns in einer Situation befinden, in der wir gefühlsmässig, aber auch faktisch keine Möglichkeit haben, sie im Äusseren eigenständig zu gestalten, indem wir handeln, handeln wir im Inneren durch unseren Geisteszustand, unsere Gedanken, Vorstellungen oder auch Erwartungen. Das ist für mich *eine* Bedeutung des Ausdrucks «Handeln durch Nichthandeln», den Laotse im DAODEJING (Tao Te King) geprägt hat.

Für den Umgang mit den Energien möchte ich den Ausdruck «heilsame oder unheilsame Nutzung» einführen, was als Synonym für den unreifen bzw. reifen Umgang mit ihnen verwendet werden kann. Was wir Menschen unter dem Einfluss dieser Energien denken, sagen und tun, ist von vielen Einflüssen abhängig, vor allem aber von der karmischen Absicht unserer Seele und unserem «karmischen Vermögen» *(→ siehe dazu auch «Anhang 8 – Karmisches Vermögen» auf S. 203).*

Die universellen Energien der Planeten im Einzelnen

Zuerst und vor allen Dingen die Energie von Saturn

Der Saturn – er ist durch und durch männlich. – Aber ist das wahr? Ist das wirklich so?

Der Planet mag «männlich» sein, seine Energie ist es nicht.

Es ist eine *weibliche Energie:* integrierend, nicht separierend.

Die Energie der Konzentration auf das Wahre, das Wesentliche.

Die Energie der Verwirklichung.

Die Energie der inneren Ordnung, aus der dann eine äussere entsteht.

Die Energie der achtsamen inneren Führung, der heilsamen Grenzen, der heilsamen Regeln und Gebote.

Und die «Grundeigenschaft» der Energie von Saturn:

> *Das Annehmen dessen, was ist.*
>
> (Eine Eigenschaft, die dem Weiblichen zugeordnet wird.)

Wenn wir dieses grundlegende Angebot der Saturn-Energie für uns nutzen – nämlich das, was das tägliche Leben uns anbietet, anzunehmen, zu akzeptieren –, wenn wir lernen wollen, damit umzugehen, dann hat das eine veränderte Emotion und dadurch eine veränderte

Verhaltensweise zur Folge: nämlich konstruktiv statt destruktiv zu handeln.

Wenn wir etwas annehmen oder akzeptieren, *dann wenden wir uns dem, was ist, zu* – das heisst, wir sind bereit, konstruktiv und integrierend zu handeln.

Wenn wir etwas ablehnen, *dann wenden wir uns von dem, was ist, ab* – das heisst, wir separieren und werden häufig auch destruktiv, zumindest in Gedanken und Emotionen.

Die grundlegende Voraussetzung jedoch, um die heilsame Energie von Saturn nutzen zu können, ist eine neue Betrachtungsweise, auf die später in diesem Buch noch sehr ausführlich eingegangen wird. Womit wir aber sofort beginnen können, ist, seine Energie als weiblich zu betrachten.

Wenn wir ihn – wie üblich – als Hemmungen, Ängste, Blockaden, enge Grenzen, Härte, vielleicht auch Kargheit deuten, dann könnten wir zusätzliche, dem Weiblichen zugehörige Fragen stellen:

Was will integriert werden?

Was will verwirklicht werden, was soll getan werden?

Was bedarf einer neuen, innerlichen Ein-Ordnung?

Wohin soll ich geführt werden?

Wo und wann verhalte ich mich unheilsam, ja vielleicht destruktiv mir gegenüber?

Wo darf ich etwas dazutun, anstatt etwas zu lassen?

Damit ich richtig verstanden werde: Diese Fragen können selbstverständlich auch von einem Mann gedacht und gestellt werden, von der Energie her aber gehören sie «dem Weiblichen» an, denn es sind prozessorientierte Fragen. Vom «weiblichen Denken» wird allgemein angenommen, dass es prozessorientiert ist, während das «männliche Denken» als lösungsorientiert angesehen wird.

Beziehe ich das auf die übliche Umgangsweise mit den Saturn zugeschriebenen Ängsten, Blockaden, Härten usw., dann geht es darum, sich von dem, was ist, abzuwenden, es loszulassen, aufzugeben, es zu überwinden. All das sind *lösungsorientierte* Ansätze, um einen Mangel, der abgelehnt wird, zu beheben, sich von ihm zu trennen. Zu separieren, zu zerlegen.

Doch das ist nicht die weibliche Energie von Saturn, denn deren heilsame Nutzung bedeutet *nicht* die Abwendung, um dann irgendwann nichts mehr damit zu tun zu haben. Sondern deren heilsame Nutzung bedeutet, sich einem inneren, häufig karmischen Prozess *zuzuwenden,* um irgendwann ganz, heil zu werden.

Noch etwas zum Nachdenken: Saturn mit seiner weiblichen Energie ist der alte Herrscher von Wassermann – einer männlichen Energie. Was sagt das wohl?

Die Energien der anderen Planeten

Die unheilsame Nutzung der jeweiligen Energien kennen wir gut und finden sie in der astrologischen Betrachtung wieder, wenn von uns oder anderen die jeweilige Planetenenergie unreif gelebt wird. Als Kinder leben wir sie sehr häufig zunächst in der unreifen Form, denn die reifere – und vielleicht auch später mal reife Form – muss im Laufe des Lebens erst erlernt werden. Und leider bleibt es auch im Erwachsenenleben nicht selten beim unreifen Umgang mit ihnen. Dadurch «erleiden» wir häufig die unheilsame Nutzung der Energien, ob wir sie nun selbst so leben und uns damit Leid zufügen oder ob es von anderen uns zugefügt wird.

In fast allen Seminaren konnte und kann ich immer wieder erleben, wie stark die Angst vor den Energien von Saturn bis einschliesslich Pluto ist (das Zeichen Skorpion kann da ohne Weiteres noch hinzugenommen werden). Und zwar ziemlich gleichgültig, ob die Konstellation im Radixhoroskop oder als Auslösung auftaucht.

Ich glaube, das kommt zum einen daher, dass in der astrologischen Deutung oder Lehre sehr häufig noch davon gesprochen wird, dass dieser oder jener Planet etwas macht oder auslöst (wir ihm also quasi ausgeliefert sind). Zum anderen, weil die Nutzung dieser Energien doch immer noch eher in ihrer unreifen, unheilsamen Form vermittelt wird.

Deshalb möchte ich hier jetzt die für uns alle nutzbare heilsame Energie der Planeten aufzählen, gleichsam als Weg und Ziel zu einer reifen, spirituellen Persönlichkeit.

Achtsamkeit – ein inflationärer Begriff hier im Westen – hat Bezug zur Wortgruppe Achtung, achten, auf etwas achten. Wenn ich vor etwas Achtung habe, achte ich es und achte auf einen sorgfältigen Umgang damit. Den uns wohlwollend zur Verfügung gestellten Energien der Planeten sollten wir Achtung, Achtsamkeit entgegenbringen und sehr sorgsam mit ihnen umgehen. «Sorgsam mit etwas umgehen» heisst, weder durch Denken noch durch Reden oder Handeln einem Wesen Schaden zuzufügen. Und das wiederum heisst, heilsam für sich und andere zu sein.

Erde

Energie des Lebens. Energie des achtsamen, heilsamen Umgangs mit der Erde und allen Wesen, die durch sie leben.

Unheilsame Nutzung: Der Raubbau, der Lebendiges benutzt, ausnutzt, vernichtet.

Sonne

Energie des heilsamen Willens, der achtsamen Entfaltung der Persönlichkeit, der achtsamen Entfaltung des Wesentlichen, dessen, was unserem Wesen entspricht.

Unheilsame Nutzung: Egozentrierung zum eigenen und zum Schaden anderer.

Mond

Energie der heilsamen, fürsorglichen Liebe zu sich selbst und anderen Wesen.

Unheilsame Nutzung: Lieben, um geliebt zu werden, in unfreiwillig bindender Liebe halten oder gehalten werden.

Merkur

Energie des achtsamen Lernens, der Wissensvermehrung, der heilsamen Kommunikation, die immer aus Sprechen *und* Zuhören besteht.

Unheilsame Nutzung: Schädliche Verbreitung von Informationen, die nicht auf Wissen, sondern nur auf Meinung beruhen, verletzendes Reden, Zwietracht säen, Tratsch, viel reden – kaum zuhören. Tricksereien zum Schaden anderer.

Venus

Energie der heilsamen Weiblichkeit, des achtsamen Begehrens, des heilsamen Bewahrens der Schönheit der Erde und ihrer Wesen.

Unheilsame Nutzung: Gieriges, geiziges, neidisches, eifersüchtiges und eitles Verhalten. Anhaftungen jeglicher Art.

Mars

Energie der heilsamen Männlichkeit, des heilsamen, zielgerichteten Handelns, des achtsamen Umgangs mit der Eigenenergie, heilsame Kraft und Stärke.

Unheilsame Nutzung: Ablehnung, Abneigung und daraus entstehendes schädigendes, aggressives Handeln gegen sich und andere. Gedankenloses, vorschnelles Handeln.

Jupiter

Energie heilsamen Wachstums, des Wohlwollens, des Glaubens, der Hoffnung und des Vertrauens. Energie der Grosszügigkeit sich selbst und all dem gegenüber, was anders ist als man selbst.

Unheilsame Nutzung: Masslosigkeit in jeder Form, unrealistische Erwartungen, Aufblähungen der eigenen Grösse, des eigenen Wissens.

Saturn

Eine WEIBLICHE ENERGIE, integrierend, nicht separierend. *Energie des Annehmens dessen, was ist.* Energie der Konzentration auf das Wahre, das Wesentliche, Energie der inneren Ordnung, aus der dann eine äussere entsteht. Energie achtsamer innerer Führung, der heilsamen Grenzen, Regeln und Rituale.

Unheilsame Nutzung: Angst vor der Konfrontation mit dem Wahren, der Wahrheit (über uns selbst) und der Verantwortung, die daraus entsteht. Missachtung von Grenzen. Einer unheilsamen äusseren Führung folgen. Regeln und Rituale gegen das Leben.

Uranus

Energie der reinen Erkenntnis, des achtsamen Verstehens, der tieferen Einsicht in die Einzigartigkeit jedes Lebewesens.

Unheilsame Nutzung: Erkenntnisse zum Schaden anderer nutzen, unheilsame Rebellion. Missachtung der eigenen Einzigartigkeit und der Einzigartigkeit anderer.

Neptun

Energie der achtsamen, nicht unterscheidenden Hingabe an das Leben und das, was es bereithält. Energie der heilsamen Zuwendung, der heilsamen Vergebung, der heilsamen Auflösung von etwas.

Unheilsame Nutzung: Schädigende Suche nach hingebungsvollen Augenblicken (Suchtverhalten). Verwirrung, Vernebelung durch Verweigerung der Hingabe aus Angst vor Kontrollverlust oder aus Angst vor Auflösung von etwas, das wir behalten wollen. Andere spirituell von sich abhängig machen.

Pluto

Energie des achtsamen Wandels, des tieferen Wissens um Stirb-und-werde-Prozesse, des Wissens um ständige Veränderung, des heilsamen Einsetzens von Macht. Heilsame Energie der Regeneration.

Unheilsame Nutzung: Gewaltsames Herbeiführen von Trennungen, Machtmissbrauch jeder Art. Abhängigkeiten herbeiführen, um zu kontrollieren, oder in Anhängigkeiten geraten, aus Angst vor Veränderungen.

Während einer Auslösung, sei es ein Transit oder auch durch Direktionen, herrscht ein vermehrtes Energieangebot des jeweiligen Auslösers. Genau dann ist es nicht die Zeit, sich zu fürchten und das Schlimmste anzunehmen, sondern quasi «in die Hände zu spucken» und sich zu fragen: Wie nutze ich dieses Angebot?

Nicht in das Gefühl einer Ohn-Macht, dem Gefühl, nichts machen zu können, zu versinken, sondern sich ermächtigen, etwas damit zu gestalten. Doch ich erlebe immer wieder, dass die Angst vor den «schlimmen Planeten» sich hartnäckig in den Köpfen hält: «Dort droht Saturn oder Pluto ...» oder «Der Neptun vernebelt meinen Mond über Jahre ...». Für Personen, die nicht umdenken können, ist Astrologie wirklich gefährlich, weil sie, im schwierigsten Fall, zu einer «selbsterfüllenden Prophezeiung» führen kann.

Zurück zu Saturn

Saturn wurde und wird immer noch sehr häufig als der Verursacher allen Übels gesehen und gedeutet. Das aber kann allein deshalb schon nicht stimmen, weil keine Energie nur als schlecht, dunkel, belastend oder aber nur als gut, hell, heilend wahrgenommen werden kann. So ist auch seine als belastend *empfundene* Energie nicht behindernd, bremsend oder ganz einfach «schrecklich» (was eigentlich «zu Schrecken hinführend» heisst), sondern wir sollen durch diese Empfindung auf etwas aufmerksam gemacht werden, mit dem sich unsere Seele in diesem Leben «beschäftigen» möchte.

Wie schon weiter oben gesagt, steht Saturn für ein klares, ordnendes Bewusstsein, für die Möglichkeit, aus einer gewissen Distanz heraus zu (über-)prüfen und zur Wahrheit zu finden. Häufig wird in der Deutung gesagt: Saturn «mag» das Zeichen, in dem er steht, zunächst nicht. Es werde von ihm abgelehnt, wir müssten uns im Laufe des Lebens «erst daran gewöhnen». Doch ist das wirklich so? Ist das wahr? Sollen wir durch ihn nicht vielleicht nur aufmerksam gemacht werden, etwas neu kennenzulernen, etwas anders zu betrachten als bisher?

Wenn wir etwas ablehnen, sei es mental, emotional oder auch durch Handeln, dann lernen wir es nicht kennen, wir erfahren nicht, wie es wirklich ist. Wenn wir eine Person ablehnen, dann erfahren wir nicht, wie sie wirklich ist. Wenn wir ein Zeichen im Horoskop, ein Haus, einen Planeten oder auch einen anderen Faktor ablehnen, dann erfahren wir nicht, wie seine Energie wirklich ist, wir erfahren nicht die gesamte Bandbreite, die wir uns zu eigen machen könnten. Um aus der gedanklichen oder emotionalen Ablehnung herauszufinden, bedarf es einer gewissen Neutralität, damit wir uns der abgelehnten Sache zuwenden können. Denn nur durch Zu-Wendung erfahren wir, wie etwas wirklich ist.

Der irdische Saturn bietet uns die notwendige Neutralität, die notwendige Distanz, um uns dem Zeichen, dem Haus, in dem er steht, und den Faktoren, die er aspektiert, zuwenden zu können. Er bietet uns die Möglichkeit, aus einer durch Theorie erlernten oder auch erfahrenen Ablehnung heraus etwas näher kennenlernen zu können.

Er bietet uns die Möglichkeit, gleichsam von neutralem Boden aus die Fakten zu betrachten: Wie ist etwas wirklich? In dem Wort «wirklich» steckt das Wort «Wirkung». Die Frage, wie etwas wirklich ist, kann also weitergeführt werden:

Wie wirkt etwas?

Und die nächsten Fragen dann:

Wie wirkt etwas auf mich?

Aus welchem Grund wirkt es so auf mich?

So können wir, allein durch die Stellung von Saturn in unserem Horoskop, zu einer grösseren Klarheit über uns selbst gelangen.

Mit dem irdischen Saturn diesseits der Schwelle stehen

Nota bene
Zeichen, Haus, Aspekt – wo Saturn steht und was er berührt, dort möchte die Seele Verantwortung übernehmen. Zuerst für sich selbst, dann auch für andere Lebewesen.

Saturn allgemein

Saturn – der Standhafte in unserem Inneren. Der, der immer da ist, an den wir uns immer wenden, auf den wir uns immer verlassen können. Die persönlichen Planeten sind von den Zeichen gefärbt und den Emotionen «ausgeliefert», Jupiter hat oft zu hohe Erwartungen oder übertreibt, und die drei Geistigen ver-führen und sind, vor allem, erst jenseits der Schwelle – deren Türhüter Saturn ist – wirklich eigenständig zu leben.

So ist die Energie von Saturn diejenige, die wir in der ganzen Bandbreite unseres Handelns «verlässlich» nutzen können. Von der unreifen Form wie Blockaden, Hemmungen, Ängsten und dem Gefühl, etwas nicht gut genug zu können oder nicht gut genug zu sein, bis hin zur reifen Form: die Wahrheit über sich zu wissen, die eigenen Regeln und das richtige Mass zu finden und die eigenen Grenzen zu erkennen und auszuloten.

Der Planet Saturn läuft in 28 bis 30 Jahren einmal um die Sonne. Aus der geozentrischen Betrachtung des Horoskops heraus kommt im selben Zeitraum Saturn wieder auf seine Geburtsstellung zurück. Bis zu dieser ersten Wiederkehr (Return), die gleichsam als Eintritt ins Erwachsenenleben gesehen wird, ist Saturn beinahe in jedem Lebensjahr unterschiedlich spürbar. Er wächst gleichsam mit dem Kind mit und führt es ins Erwachsenenleben hinein.

Saturn in der Kindheit

Wird ein Kind geboren, so ist das sowohl ein sehr persönliches, familiäres Ereignis als auch ein gesellschaftliches. Ein neues Menschlein kommt auf die Erde und prägt mit seiner ganz speziellen, persönlichen Energie sowohl das engste Umfeld als auch – ein wenig später – die Gesellschaft, in die es hineingeboren wurde. Doch um in der Gesellschaft angenommen zu werden, ist es wichtig, die spezifischen Regeln, die diese Gesellschaft zusammenhalten, zu kennen und zu erlernen.

Jupiter und Saturn werden die beiden Gesellschaftsplaneten genannt. Jupiter nimmt mit seiner grosszügigen Energie ein Kind in die Gesellschaft auf, und Saturn lehrt es durch seine Energie die bestehenden Regeln.

Ein Kind lebt im Allgemeinen die Energien aller persönlichen Planeten zunächst in einer unreifen Form und lernt mit der Zeit durch die Resonanz seiner Umgebung, sie sozialverträglicher zu nutzen. Jupiter mit seiner «Wachstums-Energie» steht hilfreich und nicht selten überschiessend zur Seite. Da ist Saturn als wohlwollender Wächter der gesellschaftlichen Grenzen notwendig.

Doch kann die Saturn-Energie vom Kind noch nicht selbst gelebt werden, sondern muss zuerst von den Eltern, später auch von anderen Mitmenschen stützend zur Seite gestellt werden. Dabei kommt es stark darauf an, auf welche Weise die Eltern ihre eigene Saturn-Energie leben. Denn leben sie Saturn in einer schon etwas gereiften Form, dann können sie das Kind stützen und unterstützen und ihm die notwendigen Grenzen, das notwendige Mass aufzeigen. So kann das Kind mit Jupiter Stück für Stück seine Welt erobern und wird vom elterlichen Saturn vor Gefahren geschützt. Dabei lernt es langsam die Saturn-Energie kennen, zuerst die von aussen gesetzte, dann die eigene.

Leben die Eltern ihren Saturn in einer unreifen Form, so lernt das Kind über diese Energie deren Ängste und die wahrscheinlich dadurch entstehenden Verbote oder auch Strenge, Härte, Kritik oder Distanziertheit kennen. Um es den Eltern recht zu machen und weiterhin ihrer Liebe sicher zu sein, übernimmt das Kind meist die unreife Saturn-Energie der Eltern und kann seinen eigenen Saturn manchmal erst im Erwachsenenleben kennenlernen.

Nebenbei: Deshalb bespreche ich in einer Beratung über das Kind *immer* die Horoskope der Eltern (wenigstens das der Mutter) und dort vor allem deren Umgang mit Saturn (und den drei geistigen Planeten).

Saturn in der Jugend

Ist die Kindheit in einer guten Form verlaufen, dann ist in der Jugend die durch Sozialisation von aussen erlernte Saturn-Energie bekannt. Die «gute Form» besteht unter anderem auch darin, dass das Kind, trotz der Saturn-Energie von aussen, immer mehr seine eigene kennenlernen konnte. Um es anders auszudrücken: Es konnte immer mehr in Richtung Eigenverantwortung wachsen.

In der fortschreitenden Pubertät wächst noch etwas anderes, nämlich der Widerstand gegen den Saturn von aussen und die erste Überprüfung, ob die Regeln der Gesellschaft mit den eigenen Regeln übereinstimmen. Die Grenzen werden erweitert und teilweise überschritten, die Risikobereitschaft steigt beträchtlich, und die «Schutzengel-Arbeit» von Saturn, das rechte Masshalten, beginnt. Das elterliche Wertesystem, und damit natürlich auch deren Saturn, wird stark infrage gestellt, und die sich neu bildenden eigenen Werte (die sich in dieser Zeit meist an der Gruppenzugehörigkeit orientieren) werden dagegengesetzt. Dies ist die Zeit, in der die Eltern ein starkes Vertrauen in ihre eigene Erziehung benötigen, denn ihr saturnischer Einfluss vermindert sich beinahe täglich. Und das ist richtig so. Denn nur so können sich eigene Werte und der eigene Saturn des jungen Menschen entwickeln, jener aus dem Horoskop und – langsam beginnend – jener in der Form, die jedem Menschen innewohnt und in der Reife sich im besten Fall in einer eigenen inneren Haltung zeigt.

Hat der junge Mensch die unreife Form des elterlichen Saturns erleben müssen, dann ist es häufig so, dass diese derart verinnerlicht wurde, dass es unmöglich ist, in den pubertären Widerstand zu gehen. Ein eigenes Wertesystem kann dann nur sehr zögerlich ausgebildet werden, und die Reifung der eigenen Saturn-Energie setzt später, manchmal leider sehr viel später ein. Es ist, als wenn dem Menschen der Saturn von aussen immer auf der Schulter sitzen würde und er deshalb – auch lange nach dem ersten Saturn-Return – noch nicht seine eigenen Regeln, seine eigene innere Haltung gefunden hat.

Oder, eine andere Auswirkung, es kann sein, dass der totale Widerstand vorgezogen wird; Widerstand gegen alle gesellschaftlichen Regeln, gegen den Saturn von aussen, aber auch gegen den eigenen.

Das kann zu einer Art äusserer wie innerer Haltlosigkeit führen, die einen massiven Umweg bedeutet zum Ziel eines reifen Umgangs mit der heilsamen Energie von Saturn im Erwachsenenalter.

Saturn: 1. Wiederkehr (1. Return)

Politisch gesehen war eine Person früher mit 21 Jahren erwachsen, heute gilt das ab 18 Jahren.

Astrologisch gesehen gilt eine Person so lange als «heranwachsend», bis Saturn das erste Mal seine Stellung im Geburtshoroskop wieder erreicht, das ist zwischen 28 und 30 Jahren.

Welch ein Unterschied!

Mit 18 Jahren sind die meisten jungen Leute noch heftig mit der auslaufenden Pubertät beschäftigt, sehr viele stecken noch mittendrin. Sie sind zwar körperlich gesehen ausgereift, was jedoch in emotionaler und mentaler Hinsicht bei den meisten ausgeschlossen werden kann. Denn die meisten jungen Leute sind gleichsam noch in der Übungsphase der Verantwortlichkeit sich selbst und anderen gegenüber. Sie sind noch am Üben, die von aussen auferlegten Regeln als gegeben anzunehmen, und oftmals ist diese Phase eher von Rebellion und Widerstand geprägt. Sie wünschen sich Freiheit von allen Institutionen und damit Freiheit von Saturn, der die Institutionen repräsentiert. Und das ist auch gut so, denn mit 18 sind sie zu jung, um «erwachsen» zu sein.

«Erwachsen sein» bedeutet im *landläufigen Sinn* Verantwortung für sich und andere(s) zu übernehmen, für sich selbst sorgen zu können und sich somit in die Gemeinschaft mehr oder weniger tief einzugliedern. Selbstverständlich gilt dies auch für Personen mit Einschränkungen im körperlichen, psychischen oder mentalen Bereich, diese werden sogar häufig viel früher erwachsen, weil sie gezwungen sind, trotz oder gerade wegen der Einschränkung früh in die *Eigen*verantwortung zu gehen. Hier hilft die Saturn-Energie, zu akzeptieren und Hilfe anzunehmen.

Wenn von Verantwortung und Eingliederung in die Gemeinschaft gesprochen wird, dann ist astrologisch Saturn gemeint. Wenn rund um die erste Wiederkehr der Widerstand gegen Saturn langsam aufgegeben wird und eine gewisse Zufriedenheit mit seinen Energien entsteht, dann ist auch die Zeit gekommen, in welcher der Mensch bereit und in der Lage ist, Verbindlichkeiten einzugehen, sei es im partnerschaftlichen, familiären oder beruflichen Bereich.

Beispielhoroskop Thomas

Ich erinnere mich an Thomas, dessen unaspektierter Saturn in Konjunktion mit dem absteigenden Mondknoten in Skorpion steht und dessen viertes Haus in Steinbock angeschnitten ist, also Saturn als Herrscher hat *(siehe Fig. 1)*. Was er als Kind mit Steinbock am IC gebraucht hätte, wäre ein gut strukturiertes, zuverlässiges Familienklima gewesen, auf dessen Regeln er sein Kinderleben hätte aufbauen können.

Doch die Verhältnisse waren ganz anders: Sein Vater war unbekannt (Sonne – als Symbol für den Vater – im Quadrat zu Neptun), und seine Mutter war so sehr mit dem eigenen Überleben beschäftigt, dass er sie als äusserst sprunghaft und unzuverlässig erleben musste (Mond – als Symbol für die Mutter – in Opposition zu Ura-

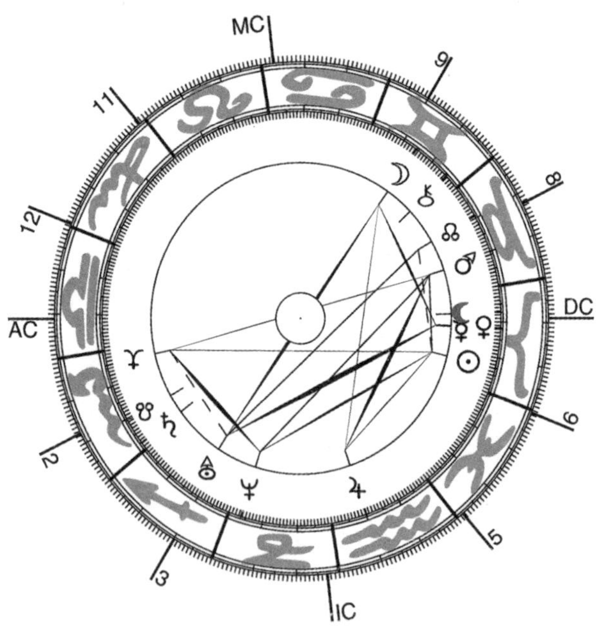

Fig. 1: **Thomas** – Radix *(Placidus)*

nus). Schon in der frühen Pubertät kam er in Kontakt mit Drogen (Sonne – jetzt als Symbol für ihn selbst – Quadrat Neptun) und suchte dadurch nicht nur die Sehnsucht nach einer «heilen, geordneten Welt» zu stillen, sondern auch sich auf diesem Weg von seiner Mutter zu befreien (Mond – jetzt als Symbol für seine Bedürfnisse – Opposition Uranus). Unter grossen Schwierigkeiten beendete er seine Ausbildung als Pflegehelfer. Er lebte unter ziemlich desolaten Zuständen mit seiner Freundin und seinem kleinen Sohn zusammen.

Als aber Saturn dann 2007 im zweiten (abnehmenden) Quadrat zu sich selbst und damit auch zur Mondknotenachse stand *(siehe Fig. 2)*, entschloss Thomas sich, ein Fachabitur anzustreben und Sozialpädagogik zu studieren. Mit seinem «sturen Stier-Mars» in Opposition zu Pluto *(Fig. 1)* konnte er beides auch durchziehen und bestehen.

2014 näherte sich Saturn dann das erste Mal der Konjunktion mit der Radix-Mondknotenachse und damit auch seinem ersten Return;

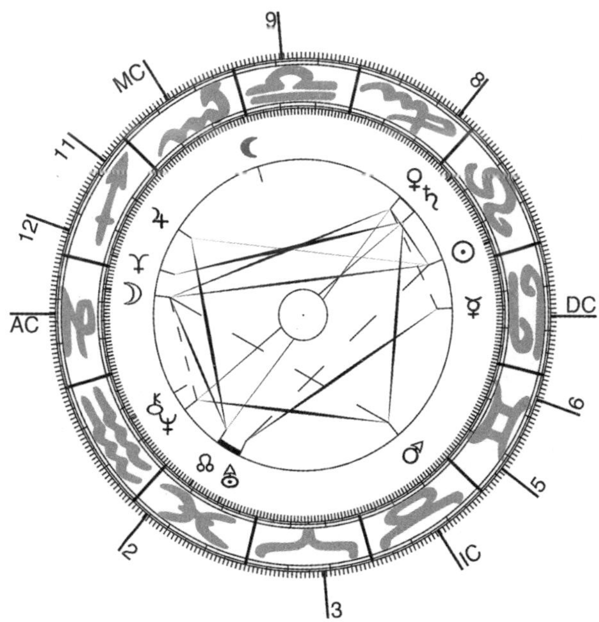

Fig. 2: **Thomas** – 2. Quadrat Saturn/Mondknoten *(Placidus)*

dabei wurde er auch mehrmals rückläufig *(siehe Fig. 3)*. In dieser Zeit begann Thomas, wirklich Verantwortung für sich und seine kleine Familie zu übernehmen, er wurde – seiner Mondknotenachse 2/8 gemäss – verbindlich. Damals begann er zunächst, als Sozialpädagoge in einer Drogeneinrichtung zu arbeiten, und wechselte später zur Streetwork, wo er auch heute noch tätig ist.

Interessant ist, dass sich dieser Beruf gut im Horoskop *(Fig. 1)* abzeichnet: Sonne, Merkur und Venus in Widder in Haus 6 deuten ja doch auf den Wunsch nach immer neuen Herausforderungen im Beruf hin, ein bisschen Abenteuer darf schon dabei sein. Das Thema wird wiederholt durch den Zwillinge-Mond in Opposition zu Uranus, auch hier darf keine Langeweile aufkommen. Sonne/Neptun und das in Fische angeschnittene Haus 6 weisen auf den Wunsch hin, anderen Menschen zu helfen. Nicht zuletzt zeigen Pluto in Haus 1 sowie der aufsteigende Mondknoten in Haus 8 an, dass die Nähe zum nicht angepassten sozialen Verhalten der jungen Menschen in der Szene ein zusätzlicher Anreiz ist, sich genau dort einzubringen.

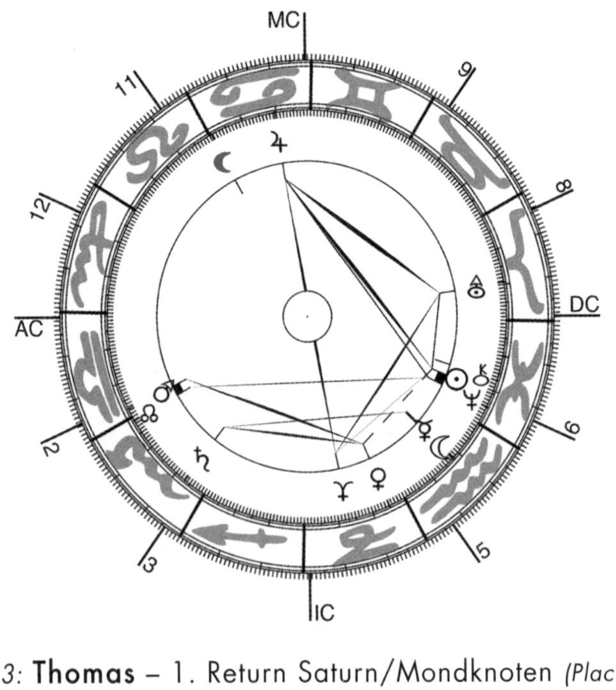

Fig. 3: **Thomas** – 1. Return Saturn/Mondknoten *(Placidus)*

Saturn: 2. Wiederkehr (2. Return)

Bei der zweiten Saturn-Wiederkehr, so zwischen 58 und 60 Jahren, treffen wir auf eine weitgehend gereifte Persönlichkeit. Die Midlife-crisis ist mehr oder weniger gut überstanden, meistens sind die Kinder aus dem Haus oder das Ende ihrer Ausbildung ist absehbar, und im beruflichen Bereich kommen erste Ideen auf, wie es denn «danach» aussehen könnte.

Vom Horoskop her betrachtet, bezeichne ich eine Person dann als gereift, wenn sie ihre persönlichen Planeten in eigener Regie lebt und nicht von ihnen gelebt wird. Dies ist eigentlich dann der Fall, wenn zum Zeichen, in dem der persönliche Planeten steht, die Qualität des Gegenzeichens mit einbezogen wurde und auf diese Weise der Planet sozusagen «rund» gelebt werden kann. Die Ecken und Kanten der unreifen Form des Zeichens – und ein persönlicher Planet wird ja vom Zeichen dominiert – wurden gleichsam durch das Gegenzeichen abgerundet. Weiter betrachte ich eine Person als astrologisch gereift, wenn Jupiter nicht in der Übertreibung gelebt wird und die saturnischen Ängste und Hemmungen nicht mehr behindern.

Wie schon gesagt, steht Saturn wie kein anderer Planet für Ordnung, Wahrheit und Klarheit. Das äussert sich vor allem dadurch, dass er Grenzen aufzeigt und das rechte Mass zu halten lehrt. Durch ihn werden wir mit den Konsequenzen unseres Handelns konfrontiert und dadurch aufgefordert, ebendiese Konsequenzen *vor* dem Handeln oder *vor* dem Reden zu bedenken. Seine Energie erinnert, dass jede Ursache eine Wirkung, jede Handlung ein Resultat zur Folge hat. So «mahnt» sie auch, die Grenzen auszuloten und wenn eine Überschreitung geplant ist, sowohl das richtige Mass anzuwenden als auch die Konsequenzen zu bedenken.

Grenzen, das rechte Mass, Konsequenzen: Alle drei sind häufig unangenehme, doch extrem wichtige Themen im Leben. Denn das Einhalten der Grenzen und das Gefühl für das richtige Mass erzeugen eine innere wie auch eine äussere Stabilität, sie kreieren einen Standpunkt, einen Ort, der im Leben zu diesem Zeitpunkt eingenommen wird. Das Bedenken und auch das Erleben von Konsequenzen tragen ebenfalls zur Stabilität bei und festigen diesen Standpunkt. Innerhalb der Grenzen dieses Standpunkts können wir uns bewegen, und wenn wir sie erweitern möchten, sind wir bereit, die

Konsequenzen zu tragen. Dies zu leben wäre die reife Form der irdischen, psychologischen Energie von Saturn. Es wäre die heilsame Anwendung seiner Energie zur Ausbildung der Persönlichkeit einer jeden Person *(→ siehe zu diesem Thema auch «Der heilsame, reife Umgang mit der Saturn-Energie» auf S. 49)*.

Es sind unbeliebte, unbequeme Themen und eine unbequeme Auseinandersetzung mit ihnen: das Nachdenken über Grenzen, über das rechte Mass und schon gar über Konsequenzen. Doch eine Person, die auf diese Art und Weise die Saturn-Energie lebt, würde ich ebenfalls als gereifte Persönlichkeit bezeichnen, und zwar nicht nur auf der astrologischen Ebene durch Saturn, sondern auch auf der «unastrologischen» Ebene des Lebens.

Der unheilsame, unreife Umgang mit der Saturn-Energie

Ein unheilsamer Umgang mit der Saturn-Energie zeigt sich im Allgemeinen dadurch, dass wir sie eher erleben müssen und somit auf sie reagieren, als eigenständig mit ihr zu agieren. Dieses eher passive Erleben kann seine Ursachen im Aussen haben, häufig ausgelöst durch den unreifen Umgang mit der Saturn-Energie durch andere, vor allem in Kindheit und Jugend, was durchaus auch mit dem Lebensplan der Seele zu tun haben kann. Es ist nicht selten, dass zuerst Erfahrungen von Mangel oder Begrenzung/Beschränkung gemacht werden, gleichsam als Auslösepunkt für eine starke Motivation, sich daraus zu befreien, sobald es möglich ist.

Ebenso können Glaubenssätze und feste Vorstellungen sowie ein Anhaften an ihnen (ohne Überprüfung, ob das noch ganz stimmig ist) «aus unserem Inneren heraus» wirken, wie zum Beispiel: «Ich kann das nicht, ich darf das nicht, es macht mir Angst, es ist verboten, ich muss, es ist Pflicht ...» Oder nach dem beliebten Motto vieler Astrologie-Freunde: «Saturn ist halt so, ich bin halt so».

Wird der unheilsame Umgang mit der Saturn-Energie ganz allgemein und – wie üblich – auf der psychologischen Ebene gedeutet, zeigt er sich bekanntlich meistens durch:

- das unangenehme Aufzeigen der (augenblicklichen) Grenzen und des Masshaltens mittels «ausgebremst werden»;
- durch mangelndes Verantwortungsbewusstsein sich selbst und anderen gegenüber;
- durch Verhaltensweisen, die von aussen gesteuert sind, durch Regeln, Gebote und Verbote; oder durch die Auflehnung dagegen;
- durch Vergleiche, wodurch Mangel-Denken, Mangel-Gefühle, Ängste, Blockaden, Hemmungen und letztendlich Ablehnung der eigenen oder anderer Personen sowie auch Ablehnung von Situationen entstehen können;
- durch Minderwertigkeitsgefühle, Selbst-Abwertung, woraus Neid und Missgunst entstehen können, die – genauso wie Schuldgefüh-

le (eigene oder übernommene) – letztendlich wiederum zur Ablehnung der eigenen Person oder anderer Personen führen können und auch zur Ablehnung von Situationen, ja des Lebens selbst;

- durch ein starkes Kontrollbedürfnis sich selbst, anderen Personen oder Situationen gegenüber;
- durch ein starkes Richtig-Falsch-Denken, durch rigide Meinungen, die nicht hinterfragt werden, durch Abwertungen anderer (auch Personen, die man gar nicht näher kennt, zum Beispiel nur aus der Öffentlichkeit oder Zugehörige anderer Ethnien usw.);
- durch sofortige Schuldzuweisungen, Feindbilder und dadurch wiederum Ablehnung der eigenen Person oder anderer Personen.

Betrachten wir diese Aufzählung etwas genauer, dann können wir eine Tendenz finden, die beim unheilsamen Umgang mit der Saturn-Energie in den verschiedensten Situationen immer wieder auffällt: die Tendenz zu vergleichen, die zu angstvollen Fragen führt: «Genüge ich? Genügt der andere oder das andere?».

Exkurs: Über Vergleichen 1

Überspitzt gesagt, vergleichen wir Menschen fast alles und fast immer. Das Vergleichen ist ein allgemein menschliches Verhalten, was ich persönlich irgendwo im Reptiliengehirn unserer grauen Vorzeit ansiedeln möchte, nämlich: Was ist gut für mich und die Meinen? Und was ist nicht gut für mich und die Meinen? Das kann sich auf den Vergleich von Situationen und Menschen genauso beziehen wie auf den Vergleich etwa von Pilzen oder Wohnstätten. Das Vergleichen war also nicht selten (über-)lebensnotwendig und spielt auch heute noch bei einer Wahl bzw. einer Entscheidung eine wesentliche Rolle. In der Sozialpsychologie wird sogar davon gesprochen, dass das Vergleichen zur Persönlichkeitsbildung mit dazugehört. Doch meist fehlt dabei die heilsam gelebte Energie von Saturn, denn das Vergleichen ist weitgehend grenzenlos und masslos.

Dazu ist noch zu bedenken, dass wir eigentlich nicht mit der Energie von Saturn vergleichen, sondern mit Merkurs Energie – unterschiedlich je nach Zeichen, in dem dieser steht. Mit einem Merkur zum Beispiel, der entweder in Steinbock steht oder durch Aspekte von Saturn gefärbt ist, vergleichen wir Richtig und Falsch, Gut und Böse, Können und Nichtkönnen, «regelkonform» oder «nicht regelkonform».

Aber wir vergleichen nicht nur mit Merkur, sondern vor allen auch mit Venus. Mit der unreifen Venus-Energie möchten wir etwas haben, wir begehren, und zwar sehr häufig das, was andere haben. Und dabei vergleichen wir uns selbst und das, was wir können, was wir haben, mit dem «Vermögen» anderer, werten dabei entweder uns selbst ab und andere (zu sehr) auf oder – umgekehrt – werten dabei andere(s) ab. Durch das Vergleichen entstehen Befindlichkeiten, Emotionalitäten, Denk- und Verhaltensweisen, eben Bewertungen, Abwertungen, die durch die Verbindung mit dem unheilsamen, unreifen Umgang mit der Saturn-Energie bis hin zu Abgrenzung, Ablehnung und Verurteilung anderer führen können.

Saturn im Spannungsaspekt zu Sonne bis Jupiter

Wenn Saturn in Spannung zu den persönlichen Planeten und Jupiter steht und seine Energie auf eine von uns unheilsame Weise genutzt wird, können zur Selbsterkenntnis folgende Fragen gestellt werden:

Im Spannungsaspekt zu Sonne

- Leidet mein Ich unter Begrenzungen, die mir das Leben (im Augenblick) auferlegt?
- Ist es schwierig für mein Ich, das rechte Mass zu finden?
- Leidet mein Ich darunter, sich an Grenzen wund zu scheuern, oder an dem dauernden Versuch, sie zu überschreiten?
- Wagt mein Ich es nicht, Grenzen, Fesseln zu sprengen?
- Hat mein Ich Angst, sich zu zeigen?
- Was verbietet sich mein Ich, weil es so erzogen wurde?
- Lebt mein Ich Gebote und Regeln, die nicht zu ihm passen?
- Verletzt mein Ich sich selbst, indem es ständig gegen etwas von aussen Gesetztes aufbegehrt, obwohl dies sinnvoll ist oder nicht zu ändern?

- Fühlt sich mein Ich schlechter als andere, weniger wert, von minderem Wert?
- Hat mein Ich das Gefühl, nicht richtig zu sein? Nicht gut genug zu sein?
- Erlaubt sich mein Ich, sich selbst zu leben?
- Kennt mein Ich sich selbst?
- Muss mein Ich sich selbst kontrollieren, damit «nichts passiert»?
- Muss mein Ich andere kontrollieren, damit es deren Fehler kritisieren kann?
- Fühlt mein Ich sich schuldig, dass es existiert, dass es «da ist»?
- Wie erwachsen ist mein Ich, wie stark übernimmt es Verantwortung für sein Wohlergehen?

Im Spannungsaspekt mit Mond

- Darf ich Gefühle haben? Darf ich sie zeigen?
- Macht es mir Angst, meine Gefühle und Bedürfnisse zu spüren, sie kennenzulernen?
- Sind meine Gefühle, meine Bedürfnisse es wert, beachtet zu werden? Von mir, von anderen?
- Bin ich immer noch an meine zu strenge, zu kontrollierende Mutter gebunden?
- Fühle ich mich im selben Mangel wie sie?
- Schiebe ich die Schuld an meinen «Mängeln» auf meine Kindheit?
- Übernehme ich schon Verantwortung für mich, meine Bedürfnisse und Gefühle?
- Wie erwachsen bin ich schon in dieser Hinsicht?

Im Spannungsaspekt zu Merkur

- Sind meine Gedanken meist im Mangel, beim Kritisieren, beim Vergleichen? Welche Glaubenssätze leiten mich dabei?
- Denke ich, ich wäre dumm, weil ich langsam, aber gründlich denke?
- Wage ich es nicht, über meine eigenen Grenzen hinaus zu denken?
- Bewege ich mich immer in den gleichen Gedankenmustern?

- Sind meine Gedanken gefärbt von Neid und Missgunst? Oder bin ich schon so erwachsen, um Verantwortung für diese Gedanken zu übernehmen?

Im Spannungsaspekt zu Venus

- Mag ich mich? Liebe ich mich?
- Habe ich eine wohlwollende Beziehung zu mir selbst?
- Sehe ich meine Körperlichkeit immer nur im Mangel?
- Brauche ich andere, um mich liebenswert zu finden?
- Darf ich begehren oder begehrt werden?
- Vergiftete ich das Leben anderer und mein eigenes durch Eifersucht, Kontrollbedürfnis, Neid und Missgunst? Oder bin ich schon so erwachsen, meinen eigenen Anteil daran zu spüren und wahrzunehmen?

Im Spannungsaspekt zu Mars

- Kann ich die Grenzen meiner Fähigkeiten, meines Könnens anerkennen?
- Muss sich das, was ich nicht kann, wirklich können? Brauche ich es, um mein Leben zu leben?
- Denke ich dauernd nur im Muss und zwinge ich mich, etwas zu tun?
- Kann ich etwas einfach lassen?
- Was kann der Grund sein, wenn ich mich nicht durchsetzen kann? Regeln, Gebote, Verbote aus der Kindheit?
- Schiebe ich mangelndes Durchsetzungsvermögen, mangelnde Verteidigungsbereitschaft immer noch auf Sozialisation? Oder bin ich schon so erwachsen, meine eigene Verantwortung im Umgang damit zu sehen?

Im Spannungsaspekt zu Jupiter

- Bin ich der Meinung, dass mir fast jede Freude verdorben wird, dass jedes Wachstum immer wieder eingegrenzt wird? Oder kann ich dahinter vielleicht den Sinn erkennen, die eigenen Grenzen, das rechte Mass zu sehen und zu finden?

- Strebe ich immer noch nach der grenzenlosen Vermehrung des theoretischen Wissens? Oder kann ich die Grenzen meines Wissens anerkennen und versuchen, das Gelernte in Erfahrung umzusetzen?
- Erwarte ich zu viel von mir, von anderen, von Jupiter und kann daher den eigentlichen Sinn seines Aspekts zu Saturn nicht erfassen?
- Bin ich schon so erwachsen, genug als genug zu sehen?

Die Energie von Saturn hat viel mit Erwachsenwerden zu tun. Eine Seite des Erwachsenwerdens sehe ich darin, die bisherige Sichtweise von Saturn zu verändern, zu erweitern, aber auch vor allem, ihn nicht mehr als den Verursacher von leidvollen Erfahrungen zu sehen, sondern als die Energie, die daran erinnert, dass *wir* die Verantwortung haben, unser Leben zu gestalten.

Schattenseiten

Saturn und seine Energie weist auch auf unsere Schattenseiten hin, auf die Anteile in uns, auf die Gedanken, Emotionen und Verhaltensweisen, die wir eigentlich nicht ans Licht kommen lassen möchten. In einem Interview zu ihrem Film «Tár» mit der SÜDDEUTSCHEN ZEITUNG vom 4. März 2023 sagt die Schauspielerin Cate Blanchett Folgendes über Schattenseiten: «[Es ist] der Schatten hinter dem Ich, der dich verfolgt und, wenn du ihn zu lange verleugnest und ignorierst, irgendwann zerstörerisch wird.» Und sinngemäss weiter, dass wir dabei einige widerwärtige Dinge tun, von denen wir gerne hätten, dass sie unsichtbar bleiben. Manchmal seien wir edel, aber nicht sehr oft, und wir würden unglaublich viele Makel zeigen, wenn niemand zuguckt. – Ehrlicher kann es eigentlich gar nicht ausgedrückt werden.

Saturn aber steht für das, was wirklich ist, das, was die Wahrheit über uns ist, auch wenn es uns nicht gefällt.

So führt er zu genau dieser (meist ungeliebten) Wahrheit über uns selbst, indem er sowohl die Schattenseiten diesseits der Schwelle aufzeigt als auch unsere Grenzen, seien diese von aussen oder auch karmisch gesetzt. Er fordert uns immer wieder auf, uns mit ihnen zu beschäftigen, und gibt uns Gelegenheit, sie zu integrieren.

Die astrologisch zu erkennenden Schattenseiten diesseits der Schwelle finden sich in den unreif gelebten Energien der persönlichen Planeten und in der unreif gelebten Energie von Jupiter. In der unreif gelebten Energie von Saturn diesseits der Schwelle aber finden sich der Unwille, die Angst und die Vermeidung, sich mit diesen Schattenseiten zu beschäftigen. So verharren wir häufig sehr lange in der unreifen Form unserer persönlichen Planetenenergien (samt Jupiter). Sicher aber so lange, bis wir unsere Meinung und Einstellung zu Saturn als dem Verhinderer und Bremser verändert haben und ihn in einem anderen Licht betrachten.

Als unreifen Umgang mit den persönlichen Planetenenergien bezeichne ich, wie oben schon erwähnt, das unkontrollierte Ausleben der Zeichenqualität, durch welche die persönlichen Planeten gefärbt sind. Erst wenn die Qualitäten des Gegenzeichens in den jeweiligen persönlichen Planeten mit einbezogen sind, sind wir fähig, die reife Form zu leben. Ich spreche ausdrücklich von den persönlichen Planeten bzw. den beiden Lichtern Sonne und Mond, weil deren Energien auch über das Zeichen, in dem sie stehen, ausgedrückt werden. Und ich beziehe Jupiter dabei noch ein, weil die Erfahrung zeigt, dass auch seine Energie noch stark über das Zeichen ausgedrückt wird. Damit meine ich ausdrücklich nicht *den Wechsel* von einem Zeichen in das Gegenzeichen, also nicht das duale Entweder-oder, sondern die heilsame Mischung aus beiden, das Sowohl-als-auch.

Weiter bezeichne ich es als unreifen Umgang mit den persönlichen Planeten im Spannungsaspekt zu Saturn, Uranus, Neptun und Pluto, wenn einseitig nur die schwierigen, beschwerlichen Wirkungen betrachtet werden («So ist es halt, so bin ich halt …»). Erst wenn die Möglichkeiten der Veränderung, bis hin zur heilsamen Nutzung des dem Aspekt innewohnenden Potenzials, mit in Betracht gezogen werden, kann von einem reifen Umgang gesprochen werden.

Bekannterweise finden sich in den Energien der drei spirituellen Planeten vor allem unsere karmischen Schattenseiten. Mit «karmischen Schattenseiten» meine ich hier, dass sich mit der Nutzung der Energien von Uranus, Neptun und Pluto eine Lernaufgabe verbindet, weil wir sie in früheren Leben fehlerhaft gelebt hatten. Oder aber – die andere Möglichkeit –, dass wir durch andere Leben schon im Umgang mit ihnen geschult sind und es die Absicht der Seele ist, sie in diesem Leben zu vervollkommnen und anderen zur Verfügung zu stellen. *In beiden Fällen ist ein reifer Umgang mit den Energien der persönlichen Planeten die unumgängliche Voraussetzung.*

So ist eigentlich klar, dass Saturn an der Schwelle auch der Schutz davor ist, dass wir unsere karmischen Schattenseiten unheilsam für uns und andere nach aussen leben. Damit wir erst mit den persönlichen Planeten zur Reife gelangen können, bevor wir mit diesen Schattenseiten konfrontiert werden. *Denn diese Schattenseiten der drei Spirituellen beinhalten auch ein starkes Potenzial.* Wenn wir aber mit dem Potenzial nicht umgehen können, weil wir zum Beispiel nicht wissen, **wie verführbar wir sind für die Macht dieser Drei** *– und das ist ja eine Hauptschattenseite von ihnen, die Verführbarkeit –*, dann brauchen wir Saturn, der uns an unsere Schattenseiten diesseits der Schwelle, den unreifen Umgang mit den Energien der persönlichen Planeten, erinnert.

Seine Energie fordert die Wahrheit diesseits der Schwelle, die Wahrhaftigkeit hinzuschauen:

- Wie reif lebe ich die Energien meiner persönlichen Planeten und die von Jupiter?
- Sehe ich in Saturn immer noch den Gegner, der mich blockiert in meinen Vorhaben, oder kann ich ihn schon anders betrachten?

(→ Siehe dazu auch «Anhang 5 – An den Schattenseiten arbeiten», auf S. 194.)

Der heilsame, reife Umgang mit der Saturn-Energie

Saturn in den Zeichen

Wie oben beschrieben, lernen wir das, was wir ablehnen, nicht kennen. Kennenlernen und Kenntnis, zuletzt dann Erkenntnis, entstehen *nur* durch Zu-Wendung, durch Hinwendung zum Objekt, um es mit allen Sinnen erfassen zu können. Ich behaupte, dass Saturn heilsam ist für alle. Heilsam sein heisst, die Möglichkeit anzubieten, dass jemand oder etwas heil wird, ganz wird. Dort, wo Saturn im Horoskop steht, und dort, wo er einen Faktor aspektiert, besteht die Möglichkeit, das Ganze kennenzulernen, die Wahrheit darüber herauszufinden und dabei selbst einen Schritt auf dem Weg zur Ganzwerdung zu tun. Die Voraussetzung dafür ist, dass wir Saturn eine echte Chance geben und ihn und seine Energie durch eine neue Brille, in einem neuen Licht betrachten. Und damit meine ich nicht eine rosarote Brille.

Generell wird gedeutet, dass Saturn das Ausleben des Zeichens, in dem er steht, verhindert oder zumindest verzögert. «Verhindern» und «verzögern» sind negativ besetzt und damit ebenfalls die Wirkung der Saturn-Energie. Doch «verzögern und verhindern» kann auch als Selbstschutz vor Masslosigkeit des entsprechenden Zeichens gesehen werden *oder auch als Stütze, sich etwas langsam, aber solide zu erarbeiten.*

Ich bezeichne Saturn gern als den Wahrheitsfinder. *Da, wo er im Horoskop steht, bietet er die Chance, die Wahrheit über sich selbst zu erfahren, und er gibt die Stabilität und den Mut, diese auch anzuschauen und auszuhalten.* Zum Beispiel, wie ich wirklich zu den Energien dieses Zeichens stehe, wie ich darüber denke, ob und wo ich sie in meinem Leben spüre. Die heilsame Energie von Saturn ermöglicht es, zuerst ehrliche Antworten und dann eine neue Sichtweise zu finden.

Sechs Fragen sind dabei hilfreich:

- Wo und wie begegnet mir im Alltag das Zeichen?
- Wie denke ich über Saturn in diesem Zeichen?
- Was an diesem Zeichen lehne ich ab?
- Aus welchem Grund?
- Ist der Grund noch aktuell oder kann ich ihn als vergangen ansehen?
- Habe ich den Mut, ihn zu lassen und das Zeichen neu zu «beleuchten»? In welchem Licht erscheint es mir dann?

Die Zeichen im Einzelnen

Das Zeichen, in dem Saturn steht, weist auf die karmische Absicht der Seele hin, sich intensiv mit dieser Zeichen-Energie auseinanderzusetzen, nachzudenken, wie man zu ihr steht. Es kann sein, dass sie in einer anderen Inkarnation fehlerhaft oder nicht in ihrer vollen Kraft genutzt wurde. Auch kann eine neue Betrachtungsweise vonnöten sein, wie fast immer bei karmischen Aufgaben.

Die Zuschreibungen der Zeichen «allgemein» im Folgenden sind meinem Artikel «Die Urenergien der zwölf Tierkreiszeichen» in ASTROLOGIE HEUTE Nr. 209, Feb./März 2021, entnommen.

Widder *allgemein*

Es geht darum, die männliche Kraft der Welt zur Verfügung zu stellen, nämlich Selbst-Durchsetzung, Selbst-Behauptung, Willenskraft, Aggression im besten Sinne. Die Erlaubnis da zu sein, stark genug für dieses Leben. Das Wissen, dass auch Zerstörung notwendig ist, um etwas Neues einzuleiten. Die Kraft des Ichs ermutigt zu Aufbruch, zu Neubeginn, selbst wenn ein Scheitern vorausgegangen ist. Denn Scheitern bedeutet hier nicht ein Ende, sondern trägt den Keim des Neuen in sich. *Dadurch entstehen:* Spontaneität, Aktivität, Initiative, Mut, hohe Motivierbarkeit. Aber auch Egoismus, Rücksichtslosigkeit, Ungeduld, Raubbau an der Eigenenergie.

Mit Saturn im neuen Licht

Saturn in Widder bedeutet zuerst, dass die Kraft der Widder-Energie nicht übertrieben werden kann. Er sorgt für das «richtige Mass», die richtige Zurückhaltung, um anderen durch die eigene Tatkraft oder den eigenen Furor nicht zu schaden. Seine Energie bietet aber auch Unterstützung und Rückhalt, um dem Ich, der eigenen Persönlichkeit Ausdruck zu verleihen. Die meisten mit dieser Konstellation haben Sorge oder gar Angst, ihre männliche Seite oder ihre Männlichkeit zu zeigen, doch mit Saturn in Widder darf diese Besorgnis (los-) gelassen werden. Saturn zeigt die Wahrheit über uns: Ich habe Angst, Hemmungen oder eine Blockade, weil ich die Widder-Energie «nicht mag» oder es mir unangenehm ist, sie zu nutzen. Saturn bietet aber gleichzeitig einen zuverlässigen Schutz an vor einem «Zuviel von etwas». Und das wiederum gibt Mut, es zu versuchen, gibt Mut, sich selbst auszuprobieren und einen neuen Weg zu wagen.

Stier *allgemein*

Es geht darum, die urweibliche Kraft der Welt zur Verfügung zu stellen, die Verwurzelung im Körperlichen, im Materiellen, im Leben selbst. Die Liebe zur Kreatur, das Bewahren und Hüten des Bewährten und die Freude am sinnlichen Erleben erzeugen ein Gefühl der Sicherheit und ein bejahendes Körperbewusstsein. *Dadurch entstehen* ein stabiler Selbstwert, ein solides Wertesystem, Wirklichkeitsnähe, Erdverbundenheit, Beharrlichkeit, Genussfähigkeit. Aber auch Gier, Neid, Bequemlichkeit, Angst vor Veränderung, Sturheit.

*Mit Saturn **im neuen Licht***

Saturn in Stier bedeutet zuerst, dass die Kraft der Stier-Energie nicht übertrieben werden kann. Er sorgt für «das richtige Mass», die richtige Zurückhaltung, damit die Bewahrenden und Sammelnden nicht als Messie oder als Geizhals enden. Geniessen ist mit dieser Konstellation eben nicht verboten, sondern ausdrücklich erlaubt, denn die Saturn-Energie gibt das richtige Mass dafür vor. Da Stier des Öfteren zu Fülle in jeder Form neigt, heisst die Wahrheit mit Saturn: Du darfst, aber in Massen.

Zwillinge *allgemein*

Es geht um das Erkennen der Vielseitigkeit des Lebens und seine Differenzierung, um das Aufnehmen und Austauschen von Informationen, damit das Wissen von allen vermehrt wird. Die Urenergie ist neutral und distanziert, *reine, wertfreie Beobachtung.* Ihr ist noch nichts «Eigenes» beigegeben, es geht um Beobachtung und das Sammeln von Information.

Dadurch entstehen Neugier, Lerneifer, unterschiedliche Kommunikationssysteme, rationales Denken, kaufmännische Fähigkeiten, Gewandtheit, Kontaktfreudigkeit. Aber auch Oberflächlichkeit, Zerrissenheit, nagende Zweifel, Entscheidungsschwierigkeiten, Klatschsucht.

Mit Saturn ***im neuen Licht***

Wie allen Luft-Zeichen, fehlt auch dem Zeichen Zwillinge im Allgemeinen etwas Stabilität. Die Gefahr ist, dass die Zwillinge-Energie in der unreif gelebten Form zu einer Art Neu-Gier, einem beinahe unstillbaren Durst nach Wissen, Neuigkeiten, Dabeisein und zur Zersplitterung und Zerfaserung der Gedanken führt. Steht Saturn in diesem Zeichen, bringt er etwas Ruhe in die Gedankenfülle, und er fordert auf, das Wissen zu vertiefen anstatt gierig zu vermehren. Er fordert zudem, die sich schnell ändernden Meinungen auf ihren Wahrheitsgehalt zu untersuchen. Er schenkt – in einer reifen Form gelebt – einen eigenen Standpunkt, anstatt sich den Meinungen der Umwelt anpassen zu müssen.

Krebs *allgemein*

Es geht darum, das Bewusstsein für eine eng umschriebene Gemeinschaft zu wecken, um in ihr eine ganz spezielle Geborgenheit zu finden, um Empfindungen, Emotionen und Gefühle erkennen zu können und furchtlos ausloten zu dürfen. Durch die ureigene Erfahrung mit diesen teils dem Unter- und Unbewussten angehörenden Seiten, können Fantasie und Schöpfungskraft aus der Tiefe der Seele zutage treten und der Allgemeinheit zur Verfügung gestellt werden.

Dadurch entstehen Einfühlungsvermögen, Fürsorge, Geborgenheit, ein starkes Gefühlsleben, Ahnungen, ein lebhaftes Traumleben, künstlerische Fähigkeiten. Aber auch Stimmungslabilität, Abgrenzungsschwierigkeiten, Dünnhäutigkeit und emotionale Abhängigkeiten.

Mit Saturn ***im neuen Licht***

Mit Saturn in Krebs kann sich ein ganz eigenes «Standing» entwickeln, ein «zu sich Stehen» in der Vielfalt der Gefühle. Mit der Zeit wächst die Fähigkeit, zwischen eigenen und fremden Gefühlen und

Emotionen zu unterscheiden. Diese Abgrenzungsfähigkeit stärkt das Gefühl «Ich bin richtig». Und ich muss dann nicht lieben, um geliebt zu werden, sondern kann bei mir bleiben, wenn das Gefühl etwas anderes fordert.

Löwe *allgemein*

Es geht darum, die Notwendigkeit aufzuzeigen, das eigene Ego, seine Persönlichkeit zu verwirklichen. Die Erlaubnis zu erteilen, sich selbst ins Zentrum zu stellen, sich zu lieben, was eine Grundvoraussetzung ist, um andere lieben zu können. Denn nur wer sich selbst anerkennt und sich selbst positiv, ja wohlwollend annimmt, kann diese Zuwendung weitergeben.

Dadurch entstehen Grosszügigkeit, Herzlichkeit, Wärme, Frohsinn, die Fähigkeit, Menschen leiten zu können. Aber auch Egoismus, Selbstüberschätzung, Selbstbezogenheit und Rücksichtslosigkeit.

Mit Saturn ***im neuen Licht***

Da es bei diesem Zeichen um die Verwirklichung des Ich geht, ist die Gefahr sehr gross, alles zu tun, um in seiner «Grösse» wahrgenommen und im Mittelpunkt gesehen zu werden. Hier hilft die Saturn-Energie, das rechte Mass zu finden und zu halten, und schützt vor Gier in jeder Hinsicht – materiell, emotional, geistig. Denn der Wunsch nach Wahrgenommenwerden kann auf jeder dieser Ebenen aufkommen. So ist Saturn nicht nur hilfreich, um langfristig – materiell gesehen – nicht zu verarmen, sondern er stabilisiert auch das Ich, damit ab und zu das «Stehen in der zweiten Reihe» besser ertragen werden kann.

Jungfrau *allgemein*

Es geht darum, der Allgemeinheit Anpassung und Einordnung an die Umweltbedingungen nahezubringen. Und um das Begreifen, im Gefüge des Grossen Ganzen einen eigenen, *unverzichtbaren* Platz zu haben, diesen mit Demut, aber ohne Unterordnung einzunehmen und dadurch nützlich zu werden. Die Folgen davon sind Gesundheit in körperlicher, geistiger und sozialer Hinsicht.

Dadurch entstehen Nützlichkeitsdenken, Ordnung, pragmatisches Denken, kritisches und systematisches Prüfen von allem, auch der eigenen Person. Aber auch Unzufriedenheit, Kritiksucht, Pedanterie, Kleinkariertheit.

Mit Saturn ***im neuen Licht***

Die Saturn-Energie im Jungfrau-Zeichen wird erfahrungsgemäss zuerst in der unreifen Form wahrgenommen. Denn der Umgang mit der unreif gelebten Saturn-Energie ähnelt sehr dem der unreif gelebten Jungfrau-Energie. Doch auch hier steht Saturns heilsam genutzte Energie für das rechte Mass an (Selbst-) Kritik, an Pedanterie, an Zurückhaltung. Vor allem aber auch für das rechte Mass, wenn es um das Gefühl der Verantwortlichkeit allem und jedem gegenüber geht.

Jungfrau-Geborene möchten gebraucht werden, sie möchten anderen nützlich sein, sehr häufig über das eigene Wohlbefinden hinaus. Hier ist Saturn nicht, wie üblich, als der Antreiber, der Verstärker zu sehen, sondern – im neuen Licht – als der, der an die eigenen Grenzen, an die Verantwortung sich selbst gegenüber erinnert. Ja, viel mehr noch, der mit seiner Energie signalisiert: So, wie du bist, bist du im Augenblick richtig, und so, wie es ist, ist es im Augenblick richtig. Das vermittelt das Gefühl, zur rechten Zeit am rechten Ort zu sein und Ja sagen zu können zum Leben.

Waage *allgemein*

Es geht darum, die Wahl- und Entscheidungsfreiheit – nämlich zu werten und zu urteilen, *ohne* zu *be*werten oder zu *ver*urteilen – der Allgemeinheit nahezubringen. Damit kann im Menschen eine innere Ästhetik des Geistes, des Denkens entstehen, die sich im Aussen in Schönheit, Harmonie und Zuwendung ausdrückt.

Dadurch entstehen Ausgeglichenheit, freiwillige Verbundenheit, Überbrückung von Gegensätzen, Höflichkeit und künstlerisches Geschick. Aber auch Abgrenzungs- und Entscheidungsschwierigkeiten, Harmonie- und Gefallsucht.

Mit Saturn ***im neuen Licht***

Wie bei allen Luft-Zeichen, ist Saturn auch bei Waage wichtig zur Stabilisierung ihrer Energie. Zum einen ist seine Energie hilfreich für Entscheidungen, denn sie erleichtert es, Möglichkeiten und ihre Konsequenzen klar zu durchdenken. Ist die Entscheidung dann gefallen, stützt sie auch den Willen, dabei zu bleiben.

Die beinahe sprichwörtlichen Abgrenzungsschwierigkeiten des Zeichens Waage werden durch Saturn gemildert, denn seine reif gelebte Energie befähigt zum Nein-Sagen, und zusammen mit dem Zeichen Waage wird dieses Nein ein freundlich-zugewandtes sein.

Skorpion *allgemein*

Es geht darum, der Allgemeinheit die Tatsache der ständigen Veränderung nahezubringen, gleichzeitig aber entweder auf die dem Menschen *innewohnende* oder aber eine göttliche Sicherheit zu vertrauen, um so die tiefsitzende Furcht vor Veränderungen und Kontrollverlust besser zu ertragen. Die Folge davon wäre die Möglichkeit einer wahren Transformation, das heisst das Erreichen eines wirklich anderen Zustandes, was weit über ein Verändern, wie es zum Beispiel Saturn einleiten kann, hinausgeht. Obwohl Skorpion ein fixes Zeichen ist, soll hier die ständige Veränderung und *Nicht*fixierung auf jemanden oder etwas begriffen werden.

Dadurch entstehen Gefühle von Eigen-Macht, Eigen-Kontrolle und innerer Stärke, gesunde Abwehrmechanismen und Autonomie. Aber auch Ohnmacht, Machtmissbrauch, Kontrollsucht, Abhängigkeiten, Verstrickungen, Opferrollen.

Mit Saturn im neuen Licht

Um in eine reife Form der Skorpion-Energie zu gelangen, ist Saturn unbedingt notwendig. Damit in der unreifen Form überhaupt eine Veränderung und der dabei auftretende (vermeintliche) Kontrollverlust ertragen werden können, braucht der Skorpion-Geborene die Sicherheit, Stütze und das rechte Mass von Saturn. Ausserdem hilft seine Energie, sich von den Gefühlen anderer abzugrenzen, und gibt gleichzeitig den Halt, nicht in den eigenen zu versinken. Da sehr viele Skorpion-Geborene der festen Überzeugung sind, die Stimmungen und Gefühle anderer zu spüren und richtig zu interpretieren, ist hier Saturn absolut notwendig mit seinen Fragen: Ist das wahr? Ist das wirklich so?

Schütze *allgemein*

Es geht darum, etwas, jemanden oder sich selbst zu verbessern. Mehr Wissen der Welt zur Verfügung zu stellen. Denn Wahrnehmung, Wissen, Sinnfindung, Erkenntnis, Horizonterweiterung in jeder

Form verbessern das Verstehen von inneren und äusseren Zusammenhängen. Auf diese Weise kann wiederum das für die Allgemeinheit so elementare Gefühl von Sicherheit gestärkt und dadurch eine Angstminderung hervorgerufen werden.

Dadurch entstehen Optimismus, Toleranz, Weltoffenheit, Unternehmungslust, Gerechtigkeitsgefühl. Aber auch: Besserwisserei, Intoleranz, Grandiositätsgefühle und Scheinheiligkeit.

*Mit Saturn **im neuen Licht***

Die Schütze-Qualität ist stark von Jupiter geprägt und neigt daher dazu, das rechte Mass zu verlieren. So kann die Saturn-Energie dazu verhelfen, das Wissen nicht immer nur zu erweitern, sondern auch mal innezuhalten und eine solide Basis zu bilden. Gleichzeitig sind auch hier Saturn-Fragen von grossem Nutzen, wie zum Beispiel: Habe ich wirklich das Wissen oder ist es nur meine Meinung? Ist es wahr, dass ich es besser weiss als andere? Ist es wirklich so, wie ich denke? Bin ich noch im Gespräch oder bin ich schon dabei, den anderen von meinem Wissen (meiner Meinung) zu überzeugen?

Da die Schütze-Energie auch sehr ansprechbar ist für religiöse und spirituelle Angebote jeglicher Couleur, kann Saturn hier auch vor Irrwegen bewahren mit seinen Fragen: Ist das wirklich so (wie mir versucht wird einzureden)?

Steinbock *allgemein*

Es geht darum, die Möglichkeiten von Macht und Autorität aufzuzeigen, die Struktur, Disziplin, Beharrlichkeit und Klugheit in sich tragen. Dabei ergeht auch die Aufforderung, sich einer *wahrhaftigen* Konfrontation sowohl mit persönlichen als auch mit gesellschaftlichen Grenzen zu stellen. Auf diese Weise werden persönliche und allgemein gültige Regeln für das Miteinander eingebracht, die eine Einordnung in die Gesellschaft erleichtern, ohne die Individualität dabei zu verlieren.

Dadurch entstehen Ernsthaftigkeit, Klarheit, Distanziertheit, Konzentrationsfähigkeit und ein Gefühl für das richtige Mass. Aber auch Sturheit, Schulmeisterei, Engherzigkeit, zu starker Drang nach Ansehen und Autorität.

*Mit Saturn **im neuen Licht***

Gemeinhin wird Saturn im eigenen Zeichen als Potenzierung der Steinbock-Eigenschaften angesehen. Doch Saturn hat eine andere Qualität als Steinbock, das darf nicht vergessen werden. Somit steht auch an dieser Stelle seine Energie vor allem für das rechte Mass und hilft, eben *nicht* in die unreifen Formen der Steinbock-Qualität zu geraten – eben nicht autoritär zu werden, nicht von eingebildeter oder tatsächlich vorhandener Macht verführt zu werden, sondern genau hinzuschauen: Wie bin ich wirklich und wo liegen meine Grenzen? Auch die Unterschiede zwischen «Autorität haben» und «autoritär sein» bis hin zu diktatorischem Gehabe (ja, auch das ist eine unreife Nutzung der Steinbock-Energie) zeigt Saturn auf, denn im neuen Licht offenbart er uns die Wahrheit über uns.

Wassermann *allgemein*

Es geht darum, einen Weckruf, einen immerwährenden Anstoss zur Veränderung, zur *Umgestaltung* zu geben. Vielleicht durch besondere Eigen-Art zum Stein des Anstosses zu werden und dadurch ein reformerisches Umdenken (Umgestaltung des Denkens) in den Köpfen der Allgemeinheit hervorzurufen. Ein – in jedem Zeitalter – neues Denken, das sowohl *allen* Menschen Gleichwertigkeit und gleiche Würde zugesteht als auch einen neuen Umgang, eine Umgestaltung des Handelns einleitet.

Dadurch entstehen Freiheitsdenken, Fortschrittsdenken, soziale Gesinnung, Ungewöhnlichkeit, intuitives Erfassen von Situationen. Aber auch: Exzentrik, Sprunghaftigkeit, Unzuverlässigkeit, Revolution oder Rebellion um jeden Preis.

*Mit Saturn **im neuen Licht***

Nicht umsonst ist Saturn der alte Herrscher des Wassermanns – die Beschränkung der Freiheit, das Masshalten im utopisch-grenzenlosen (Wassermann-)Denken und Handeln. Dieses Zeichen erlaubt, unsere Besonderheit und Eigen-Art zu leben, und die Energie von Saturn hilft, dabei nicht über das Ziel hinauszuschiessen, sondern die Besonderheit und Eigen-Art der anderen Menschen ebenso anzuerkennen und zu respektieren. Der Satz «Die eigene Freiheit reicht nur so weit, wie die Freiheit der anderen» bekommt mit Saturn in diesem Zeichen eine immer aktuelle Bedeutung.

Stehen persönliche Planeten in Wassermann, so halten sich die Personen häufig für sehr offen und tolerant. Saturn fragt auch hier: Ist das wahr? Bist du wirklich so? Oder ist dir aus dem «Elfenbeinturm» herab vieles einfach nur egal?

Fische *allgemein*

Es geht darum, der Allgemeinheit das Gefühl des Eins-Seins nahezubringen, nicht nur eins mit allem, was uns hier umgibt, sondern auch mit dem Göttlichen, dem All-Einen. Die Fische-Energie kann das Wissen um die «wahre Heimat» aufrechterhalten, ein Trost, fordert aber auch dazu auf, Mitgefühl und ein liebevolles Miteinander zu leben.

Dadurch entstehen Intuition, Einfühlungsvermögen, Liebesfähigkeit, künstlerische Umsetzung dessen, was im Inneren aufsteigt, soziales Engagement. Aber auch Abgrenzungsschwierigkeiten, Suchtverhalten, Weltflucht, «nicht erwachsen werden wollen», Verführbarkeit.

Mit Saturn ***im neuen Licht***

Für kaum eine Energie ist Saturn notwendiger als für die der Wasser-Zeichen, denn er begrenzt das Uferlose. So erdet er auch ganz klar die Energie von Fische und gibt damit die notwendige Möglichkeit, wenigstens ein wenig zu verwurzeln. Damit kann sich auch eher ein Ich entwickeln, das sich spürt und sich abgrenzen kann, eben in dem Lebensbereich, dem Haus, welches das Fische-Zeichen im Horoskop anschneidet. Hier kann sehr klar gelernt werden, dass ein «Nein» durchaus liebevoll sein kann. Ausserdem hilft Saturns Energie, mögliche künstlerische Neigungen zu verwirklichen bzw. bei starkem Sucht- und Sehnsuchtsverhalten den Boden nicht ganz zu verlieren.

Saturn in den Häusern

Auch hier, in den Häusern, geht es darum, Saturn in einer anderen als der herkömmlichen Weise zu betrachten und seine Energie nicht mehr in der unreifen, für uns unheilsamen Weise zu nutzen, sondern uns auf den Weg zu machen zur heilsamen und freudvollen Anwendung.

Exkurs: Über Lebensbereiche (Häuser)

Durch Zeit und Ort der Geburt und damit durch den AC und die Häuser ist ein Rahmen für die Entfaltung der Planetenenergien gegeben, wie es die Seele für dieses Leben beabsichtigt hat. Denn den Zeitpunkt der Geburt hat sie gewählt.

In jedem der Häuser gibt es mehrere Zimmer, möbliert mit zwar ähnlichen, aber doch unterschiedlichen Themen. Im zweiten Haus zum Beispiel sind die Zimmer jeweils möbliert mit den Themen Werte allgemein, Selbstwert, Talente und Fähigkeiten, berufsbezogene Kompetenzen, Körperliches, Geld. Es gibt Häuser, in denen die Zimmer ziemlich ähnlich möbliert sind, wie eben zum Beispiel im zweiten Haus. Etwas schwieriger wird es schon in den Häusern 8, 9 oder gar 12, in denen die Zimmermöblierung ziemlich unterschiedlich ist.

Der Begriff «Häuser» ist abstrakt, denn gemeint sind damit ja Lebensbereiche, also jene Bereiche, in denen unser Leben stattfindet, und zwar jeden Tag, alltäglich, auch wenn wir nicht jeden Tag mit allen Bereichen in Kontakt kommen. Um meine obige Metapher noch einmal zu benutzen: Wir wohnen in diesem Haus, doch nicht jeden Tag in allen Zimmern.

Ich bin absolut der Meinung, dass das Leben dem Horoskop gleichsam übergeordnet ist und dass das Horoskop uns die «Werkzeuge» zeigt, mit denen wir das Leben, uns selbst und die Absichten der Seele bewältigen können. Aus dieser Sichtweise heraus sind die Häuser, also die Lebensbereiche, für mich von sehr grosser Bedeutung, denn wir leben in ihnen buchstäblich unser Leben, und wir erleben ihre Qualität sehr häufig gefärbt durch das Zeichen, in dem sie jeweils angeschnitten sind.

Ist zum Beispiel das sechste Haus – salopp gesagt das Haus des Alltags, der (Berufs-)Tätigkeit und der Gesundheit – in einem Wasser-Zeichen angeschnitten, dann sind wir in eben diesen Bereichen sehr häufig Stimmungen und Emotionen ausgesetzt, die uns die darin enthaltenen Themen leicht oder eben schwer bewältigen lassen. Anders gesagt: Wenn die Stimmung stimmt, wenn wir gestimmt sind, dann fallen uns die Aufgaben leicht, herrscht eine Missstimmung oder sind wir missgestimmt, dann fällt uns dasselbe schwer. Mit einer Erd-Betonung des selben Lebensbereichs hingegen erledigen wir das, was im Augenblick «anliegt»– unabhängig von der Stimmung –, meist pragmatisch.

Um unser Horoskop in unser Leben und in den Alltag zu integrieren, ist es unumgänglich – und ich möchte mit aller Betonung darauf hinweisen –, dass wir beobachten, wann und zu welchen Gelegenheiten wir uns in einem bestimmten Haus befinden. Was das in einem bestimmten Lebensbereich mit uns macht, wie dieser uns gefällt, wie wir darin agieren, ob wir diesen Bereich gestalten oder ob er von anderen gestaltet wird. Falls sich Planeten in diesem Bereich befinden, ob wir ihre Energien selbst leben, ob wir von ihnen gelebt werden oder ob sie durch andere Personen auf uns zukommen.

***Ein Beispiel:** Wir stehen morgens auf, suchen die passende Garderobe, die zu uns und unserem «Auftritt» an der Arbeitsstelle passt (Haus 1). Wir grübeln am Frühstückstisch darüber nach, dass die Kollegin doch sehr viel kompetenter ist als wir (Haus 2). Auf dem Weg zum Bus begegnen wir der Nachbarin, mit der wir einige Worte wechseln und sie bitten, ein Paket für uns anzunehmen (Haus 3). An der Arbeitsstelle (Haus 6) tauschen wir mit Kollegen unsere Vorstellungen und Meinungen (Haus 9) über die derzeitige Weltlage oder auch die Situation in der Firma aus. Nach dem Büro treffen wir uns mit Freunden (Haus 11). Wieder Zuhause, versuchen wir einzuschlafen, doch es gehen uns, wie so oft, immer wieder dieselben Gedanken durch den Kopf (Haus 9): dass unsere Partnerin, unser Partner sich schon wieder seit Tagen nicht meldet. Wir ärgern uns und sind enttäuscht von uns, dass wir uns von ihr, von ihm das immer noch gefallen lassen (Haus 7), dass wir nicht loskommen, dass wir, un-*

sere Stimmung, unsere Emotionen und auch unsere Tage von ihr, von ihm so abhängig sind (Haus 8). Wir wünschen uns so sehr, dass sich dies ändert und beten zu Gott oder bitten die Geistige Welt um Hilfe (Haus 12).

Im Folgenden soll nun die tiefere Bedeutung der Häuser noch einmal ins Gedächtnis gerufen werden, zunächst generell und dann auf der persönlichen Ebene mit Saturn in einem neuen Licht. Wobei wir auch hier die Möglichkeit haben, durch die Saturn-Energie die Wahrheit über uns in diesem Lebensbereich zu erfahren.

Dazu können wir auch hier, genau wie bei den Zeichen, Fragen zur Selbsterkenntnis stellen:

Die sieben hilfreichen Fragen:

- Zu welchen Gelegenheiten befinde ich mich in diesem Haus/Lebensbereich?
- Wie geht es mir da?
- Wie denke ich über Saturn in diesem Haus?
- Was an diesem Lebensbereich lehne ich ab?
- Aus welchem Grund?
- Ist der Grund noch aktuell oder kann ich ihn als überholt ansehen?

  Habe ich den Mut, ihn zu lassen und das Haus «neu zu beleuchten»?
- In welchem Licht erscheint es mir dann?

Im Lebensbereich von Haus 1

In diesem Lebensbereich befinden wir uns eigentlich immer, denn hier begegnen wir unserer Person, dem Ich-Ausdruck, unserem Auftreten, der körperlichen Konstitution und Durchsetzungsfähigkeit, ebenso wie wir von hier aus die Welt betrachten und von der Welt betrachtet werden. So kann man sagen: Haus 1 «gehört» ganz dem Ich, wie es sich durch sein So-Sein der Welt zeigt.

Mit Saturn im neuen Licht

Die wichtigste Eigenschaft der Saturn-Energie im «Ich-Haus» ist zum einen der Wunsch, zum anderen die Angst, die Wahrheit über sich selbst zu erfahren. Das führt in der unreifen Form leider häufig in das selbst auferlegte Verbot, die eigene Kraft, die eigene Stärke – astrologisch ausgedrückt das Zeichen – in ihrer gesamten Fülle zu leben. Doch Saturn mit seiner Energie stützt das Ich, stützt das Auftreten, wenn das Zeichen, in dem das erste Haus angeschnitten ist (und eventuell das Zeichen, in dem er steht), als Ausdruck der Persönlichkeit gesehen und gelebt wird. Er verleiht den Mut, hier die eigenen Grenzen auszuloten und vielleicht auch zu überschreiten, besonders wenn noch weitere Planeten in diesem Lebensbereich zu finden sind.

Wenn wir die Saturn-Energie in einer reifen Form nutzen, dann übernehmen wir Verantwortung dafür, wie wir die Welt betrachten und wie «die Welt» uns betrachtet. Ja, auch für Letzteres, denn so, wie wir uns selbst betrachten, wird auch die Welt es tun. Es ist also eine Frage der inneren Haltung (Saturn).

Im Lebensbereich von Haus 2

Hier findet sich das, woraus wir Sicherheit beziehen: Unsere (auch körperlichen) Anlagen, unsere Fähigkeiten, Talente, also das Vermögen im geistigen oder auch materiellen Sinn, vor allem aber unser Wertesystem. So können wir sagen, dass ebenso wie Haus 1 auch dieser Lebensbereich eigentlich täglich aktiviert ist, denn wenn wir ehrlich sind, wissen wir, dass wir nicht einen Tag verbringen ohne zu bewerten oder gar abzuwerten. Es finden sich hier auch die Art unseres Gelderwerbs (durch unsere Talente und Fähigkeiten) und der Umgang mit Geld, also auch etwas Alltägliches.

Mit Saturn im neuen Licht

Dieser Lebensbereich gehört im Grunde genommen ebenfalls zum Ich, denn hier findet das Ich Sicherheit durch seine Talente und Fähigkeiten, durch geistigen und materiellen Besitz. Zusammen gibt ihm das die Sicherheit, etwas wert zu sein – den Selbstwert. Reif gelebte Saturn-Energie zeigt dem Ich, wie wenig eigentlich nötig ist, um sich selbst zu genügen, wie wenig es braucht, um sich selbst wertvoll zu finden. Die unreif gelebte Form heisst im zweiten Haus so gut wie immer, dass wir uns im Vergleich mit anderen befinden. Auch hier fordert Saturn zur Wahrheit auf: Ist das wirklich so? Ist das wahr? Wenn ich nicht vergleiche, habe ich dann nicht von allem genug? Oder fordert mich Saturn auf, in meinem Begehren Mass zu halten?

Im Lebensbereich von Haus 3

Diesem Bereich wird der Verstand, die Logik zugerechnet und die sich daraus ergebenden geistigen Fähigkeiten, das Lern- und Kommunikationsvermögen. Hier, im Haus der Kommunikation, haben wir die Möglichkeit, unsere Person, unser Auftreten, unsere Anlagen, Werte und Fähigkeiten anderen mitzuteilen. Hier mischen sich also die Inhalte der Lebensbereiche von Haus 1, Haus 2 und Haus 3 – somit ebenfalls ein Bereich, in dem wir täglich agieren. Es geht nämlich um die Eigendarstellung nach aussen, zunächst unserer näheren Umgebung, den Geschwistern, der Verwandtschaft gegenüber. Mit zunehmendem Erwachsenwerden erweitert sich dieses Umfeld gemäss unseren Kommunikationsmöglichkeiten. Auch wenn wir einkaufen oder ein Verkehrsmittel benutzen, befinden wir uns im Lebensbereich von Haus 3.

Mit Saturn im neuen Licht

Es gab mal einen «68er-Spruch», der hiess: «Achtung, vor Inbetriebnahme des Mundwerks Gehirn einschalten!» Das könnte uns ebenfalls der reif gelebte Saturn in diesem Lebensbereich empfehlen. Er verhilft zu klarem und gründlichem Denken, verantwortungsbewusstem Reden und der Freude an der Stille. Seine Energie erlöst von dem Gefühl, überall dabei sein zu müssen, nichts versäumen zu dürfen. Und sie gibt den Mut, mit uns selbst in Verbindung zu treten und bietet die Möglichkeit zu einem geschwisterlichen Verantwortungsbewusstsein, das die Verantwortung sich selbst gegenüber nicht vergisst. Ich kann mir auch vorstellen, dass eine Person mit dieser Konstellation nicht mit 220 Stundenkilometern über die Autobahn rast und dabei nebenbei noch Geschäftsunterlagen ordnet, wie mir ein Manager mit Jupiter in Haus 3 einmal von sich erzählte.

Für Eltern ist es wichtig zu erfahren, dass ihr Kind nicht dumm ist, weil es langsamer denkt und lernt (langsamer sein wird in unserer schnellen Zeit häufig als dümmer interpretiert), sondern dass ihr Kind gründlicher, sorgfältiger und letztendlich klarer denkt als andere. Und dass das echte Qualitäten sind, gerade in unserer Zeit. Eine klarere Kommunikation mit den Geschwistern, inklusive Nachfragen, um Missverständnisse zu vermeiden, ist bei Saturn in diesem Lebensbereich auch möglich, wobei schon während der Pubertät gelernt werden kann, dass wir Verantwortung für das, was wir denken und aussprechen, übernehmen müssen.

Im Lebensbereich von Haus 4

Hier finden wir unsere seelische Eigenart, das, was die Seele von sich in diesem Leben in die Familie einbringen möchte, also auch ihre tiefe Sehnsucht nach Ausdruck und Anerkennung ihres So-Seins. Dazu möchten wir uns immer im Austausch mit der Familie erfahren, sind wir doch in diesem Bereich eigentlich täglich aufgefordert, unsere seelische Eigenständigkeit gegenüber anderen zu behaupten. Um dem Wunsch der Seele gerecht werden zu können, brauchen wir als Kind zuerst die Qualität des Zeichens am IC, um die zur Entwicklung notwendige Geborgenheit zu finden, damit wir im Laufe unseres Lebens zum IC das Zeichen am MC hinzunehmen können. Es ist der Lebensbereich, in dem wir uns tief verwurzeln möchten, um die notwendige Standfestigkeit zu erringen. Dazu wird aber sowohl vom Kind als auch vom Erwachsenen ein kleiner, fester und überschaubarer Rahmen benötigt, wie die Familie ihn bietet (bieten sollte). So ist der Lebensbereich von Haus 4 ein tägliches Übungsfeld, um uns selbst in einem kleinen Kreis zu erfahren, sei dieser unsere Herkunfts- oder die von uns selbst gegründete Familie, sei dies, dass wir uns aufgefordert sehen, uns als Single selbst die familiäre Geborgenheit zu geben.

Mit Saturn im neuen Licht

Mit Saturn an dieser Stelle finden wir eben häufig diesen Rahmen *nicht* vor. Wir werden aufgrund familiärer Umstände in Verantwortlichkeiten gedrängt, die uns überfordern (zum Beispiel uns den Ritualen und Regeln anzupassen, damit es der *Familie* mit *uns* gut geht). Doch hat die Seele mit dieser Konstellation die Absicht zu lernen, sich mit *ihren* Energien in der Familie auszudrücken. Allerdings ist es sehr wahrscheinlich, dass wir relativ spät mit unserer Seelenenergie Kontakt aufnehmen können, weil dies in der Kindheit meist nicht möglich ist, ist doch ein Kind im Allgemeinen genötigt, sich dem Familienklima anzupassen. Aber Saturn bietet uns hier auch in schlimmen Fällen den Halt und die Stabilität, uns entweder nach aussen hin oder innerlich abzugrenzen. Spätestens im Erwachsenenleben ist es dann so weit, mit der Saturn-Energie als Begleitung in die Eigenverantwortung zu gehen und sich zu fragen: Wie gehe ich mit mir um? Bin ich verantwortungsvoll mit meinen Bedürfnissen, gebe ich mir zum Beispiel selbst das, was ich als Kind gebraucht hätte, um mich gut verwurzeln zu können in dieser Welt (je nach Zeichen am IC)?

Im Lebensbereich von Haus 5

Hier ist der Ort, an dem wir unseren persönlichen Ausdruck aus dem ersten Haus, unsere Talente und Fähigkeiten aus dem zweiten Haus und das, was wir im dritten Haus denken und lernen, nun durch unser Handeln zum Ausdruck bringen. Daher wird es das Haus der Kreativität genannt, mit der Frage: «Wie bringe ich das, was ich kann, auf die Bühne?». Es ist ein sehr starkes menschliches Bedürfnis, sich selbst zu zeigen, etwas, das zu einem selbst gehört, zu verwirklichen. Das wiederum bringt Spielerisches, Freude und Spass ins Leben, und es ist äusserst wichtig, dass wir diesen Lebensbereich nicht vernachlässigen. Die Gefahr der Vernachlässigung ist nicht von der Hand zu weisen, denn häufig ist es so, dass die beiden benachbarten Bereiche der Häuser 4 bzw. 6 uns und unseren Tag voll in Anspruch nehmen.

In Haus 5 sind auch die Kinder angesiedelt, weil sie aus einem «kreativen Akt» entstehen, und nicht selten sind sie es, die sowohl Spielerisches und Freude in unseren Tag bringen als auch die «Gefahr» verkörpern, genau das zu vernachlässigen.

Mit Saturn im neuen Licht

Die unreif gelebte Saturn-Energie in diesem Lebensbereich hat oft mit einer Angst zu tun, der Verantwortung dem gegenüber, was aus einem kreativen Akt entsteht, nicht gewachsen zu sein. Gespeist wird diese Angst meistens durch ein Mangel-Denken: «Ich bin nicht gut genug, nicht geschickt genug, nicht perfekt genug», um Verantwortung zu übernehmen für das, was ich «auf die Bühne», in die Welt bringen könnte. Das kann natürlich ein Kind sein, genauso aber ein künstlerisches Werk, ein Vortrag, ein Projekt, ein Lied oder auch ein erotisches Anbandeln mit einer begehrten Person.

Der reife Umgang mit der Saturn-Energie kann hier bei allen Unternehmungen sehr hilfreich sein. Die Botschaft, die Saturn dadurch «sendet», könnte heissen: Handle mit Sorgfalt, aber handle! Die Sicherheit, die wir durch seine Energie in diesem Bereich finden, ist das Ergebnis von umsichtigem Denken unter Berücksichtigung der Konsequenzen sowie die Gewissheit, auf bestehende, meist innere Grenzen aufmerksam gemacht zu werden. Besteht die Freude, diese Grenzen spielerisch nach aussen zu verschieben, so gibt die reif gelebte Saturn-Energie die Sicherheit, das rechte Mass dafür zu finden. Um eine übertriebene Verantwortlichkeit bei der Kindererziehung zu vermeiden, mahnt Saturn in diesem Haus die Verantwortlichkeit für das eigene Wohlergehen an.

Im Lebensbereich von Haus 6

Hier befinden wir uns alle jeden Tag, ist es doch das Haus des Alltags, des Berufs. Hier sind wir abhängig von den Lebensbedingungen, die wir antreffen. Haus 6, das die Tradition dem Jungfrau-Zeichen zuordnet, fordert von uns die Anpassung an das Mögliche, an das Unspektakuläre, an die Lebensbedingungen, die wir vorfinden. Es fordert uns auf, Eigenverantwortung für unser Leben zu übernehmen, das heisst beruflich tätig zu werden, um unabhängig von anderen zu sein. Um *unseren* Teil mit *unseren* Fähigkeiten in das Alltägliche einzubringen und damit die Lebensbedingungen, die wir vorgefunden haben, möglichst nach unseren Vorstellungen zu verändern. Übernehmen wir Verantwortung für uns selbst, haben wir uns in die Lebensbedingungen eingefügt oder können wir sie im richtigen Masse verändern, dann fühlen wir uns «nützlich» und gesund.

Da die Bedingungen in diesem Bereich häufig nicht ganz einfach zu bewältigen sind und wir den Platz, an den uns das Leben jeden Tag aufs Neue stellt, nicht so ganz annehmen können, leiden wir oftmals und sind dabei nicht selten auch mit Krankheiten konfrontiert.

Mit Saturn im neuen Licht

Gerade hier hilft der heilsame Umgang mit der Saturn-Energie, zu uns zu stehen, Verantwortung für uns selbst im alltäglichen Ablauf, in den alltäglichen Herausforderungen zu übernehmen und uns dabei immer wieder zu fragen, was wir brauchen, um gesund zu bleiben an Körper, in der Psyche, aber auch hinsichtlich unserer Geisteshaltungen. Die Saturn-Energie hilft dabei, uns abzugrenzen gegenüber überzogenen Erwartungen und Forderungen anderer, aber auch uns abzugrenzen gegenüber dem viel zu hohen Pflichtbewusstsein, das uns oft antreibt. Hier stellt Saturn immer wieder die Frage, ob wir Verantwortung für etwas übernehmen, das gar nicht in unserem Verantwortungsbereich liegt. Gerade in diesem Lebensbereich geht es darum, das richtige Mass zu finden, um sowohl körperlich gesund zu bleiben als auch nicht im alltäglichen Frust zu versinken.

Im Lebensbereich von Haus 7

Auch mit diesem Bereich sind wir jeden Tag konfrontiert, denn das grosse Thema hier heisst Beziehungen jeglicher Art. Es geht – da Haus 7 und Haus 1 ja eine Achse bilden – auch darum, zu beobachten, wie das Ich sich in Beziehung zum Du verhält. Dabei kann durch jede Beziehung gelernt werden, es ist wirklich von gleicher Gültigkeit, in welchem Kontext und zu welcher Gelegenheit uns ein Du begegnet. Dieser Lebensbereich bezieht sich nicht nur auf Partnerschaften, wir entwickeln uns über jede Beziehung.

Mit Saturn im neuen Licht

Steht Saturn in Haus 7, so wird beinahe automatisch schon mit Schwierigkeiten in Partnerschaften, in Beziehungen gerechnet. Doch ist das wahr? Ist das wirklich so? In diesem Bereich bestehen unterschiedliche «Gefahren», je nachdem, in welchem Zeichen das Haus angeschnitten ist: Ist es ein Wasser-Haus, besteht die Tendenz, zu angepasst zu sein, sich nicht genügend abgrenzen zu können. Ist es ein Luft-Haus, tendieren wir vielleicht dazu, uns in zu vielen Beziehungen zu zersplittern. Bei einem Erd-Haus besteht die Gefahr, in Beziehungen zu verharren, auch dann noch, wenn wir dabei sind, uns selbst zu verlieren. Und bei einem Feuer-Haus ist die Rücksicht auf das Du vielleicht nicht allzu ausgeprägt.

Der reife Umgang mit der Saturn-Energie führt dazu, auch in Beziehungen das Gefühl für uns selbst nicht zu verlieren und Verantwortung für das eigene Wohlergehen zu übernehmen. Im umgekehrten Fall gelingt es mit der reifen Saturn-Energie, die Verantwortung für das *eigene* Handeln in Beziehungen zu übernehmen, also zum Beispiel nicht immer die Schuld beim anderen zu suchen oder dem anderen die gesamte Verantwortung für die «Beziehungsarbeit» aufzubürden. Auch kann mit der Saturn-Energie mehr Klarheit in die Beziehung gebracht werden, was zu einem eigenen Standpunkt, aber auch zu Standhaftigkeit führen kann.

Im Lebensbereich von Haus 8

Ob wir es glauben oder nicht, wir befinden uns täglich in diesem – oft so gefürchteten und ungeliebten – Haus, denn es ist das Haus von «Stirb und werde». Ich benutze absichtlich diesen deutlichen Ausdruck für den Prozess der ständigen Veränderung. Ich bitte darüber nachzudenken, dass immer, wenn etwas verändert wird, etwas vergeht, selbst wenn durch diese Veränderung etwas hinzugefügt wird – es stirbt das Vorherige. Es ist ein Vorgang, den wir, meist ohne uns darüber bewusst zu sein, täglich erleben. Da aber unsere letztendliche Veränderung der Tod sein wird – wir wissen das, aber nicht wirklich, was danach kommt –, fürchten wir uns vor diesem Lebensbereich des achten Hauses. Doch Werden und Vergehen sind wirklich die Grundlagen des Seins und nicht nur ein – viel zu häufig – oberflächlich benutzter Begriff.

Traditionell finden sich in diesem Lebensbereich auch Gefühle von Macht und Ohnmacht und das dazugehörende Kontrollbedürfnis respektive der Kontrollverlust sowie die sie begleitenden Ängste. Wir gehen hier Verbindlichkeiten ein, um ein wenig Kontrolle zu haben, und werden in eine Verbindlichkeit hineingeboren, die man Sippe nennt. Und – noch einen Schritt weiter – wir «begegnen» hier auch den Menschen, die sich durch den Tod verändert haben: unseren Ahnen. Letztendlich werden hier auch die Werte der anderen verortet (das Haus steht gegenüber dem zweiten Haus, wo unsere eigenen Wertevorstellungen zu finden sind). Im Laufe des Erwachsenwerdens – im Sinne eines Saturns jenseits der Schwelle – vergehen auch hier viele der von Sippe und Familie tradierten Werte, und unsere eigenen entstehen *(→ siehe dazu auch «Exkurs: Über Veränderung 1» auf S. 84)*.

Mit Saturn im neuen Licht

Die Saturn-Energie kann in diesem Haus vor allem als Stütze und zuverlässige Begleitung genutzt werden. Können wir seine Energie jenseits der Schwelle nutzen, dann stützt sie uns mit der Erkenntnis

«Es ist, wie es ist», die unabdingbar zum geistigen Saturn gehört, und vermindert damit die Furcht vor einem Kontrollverlust durch Veränderung. Saturn-Energie erdet in jedem Fall. Wir können mit ihr fragen, ob ein Gefühl, ein Gedanke oder eine Vorstellung wahr ist, ob eine Situation wirklich so ist, wie wir sie betrachten. Wir können sie auch als Ariadne-Faden nutzen, der uns hält, damit wir beim Eintauchen in tiefere Gefilde nicht den Ankerpunkt verlieren. Im achten Haus besteht immer die Gefahr, sowohl einem übermässigen Machtwunsch zu verfallen als auch in Abhängigkeiten zu geraten. Da kann die Saturn-Energie zum einen sehr gut genutzt werden, die Macht nicht missbräuchlich, sondern verantwortungsbewusst zu leben, zum anderen zu Abgrenzung und Verantwortlichkeit sich selbst gegenüber.

Im Lebensbereich von Haus 9

Hier befinden wir uns immer dann, wenn wir uns eine Meinung bilden und uns an diese binden, sie äussern. Und auch immer dann, wenn wir Vorstellungen von etwas darüber entwickeln, wie es wohl ist oder wie es zu sein hätte. Hier wird unsere Weltanschauung gebildet, ebenso wie unsere religiose Vorstellung, was beides zu einem festen inneren Bild führen kann, wie etwas ist und was es im Gedankenaustausch mit anderen «zu verteidigen gilt». Sehr stark aktiv – vor allem in der heutigen Zeit – sind wir in diesem Lebensbereich, wenn es um Bewertung oder Nichtbewertung sowie um Toleranz demgegenüber, was uns «fremd» erscheint, geht.

Mit Saturn im neuen Licht

Nutzen wir die Energie von Saturn in diesem Lebensbereich diesseits der Schwelle in einer *unreifen* Form, dann sind wir gefangen im Festhalten von Vorstellungen und Meinungen, in Bewertungen und Abwertungen bis hin zu Sturheit, Ideologie und sogar Indoktrination. Zur zuverlässigen Begleitung aber werden Saturn und seine Energie dann, wenn wir uns fragen: Ist es wahr, was ich denke? Ist es wirklich so, wie ich meine? *Weiss ich es wirklich* oder folge ich nur den Meinungen anderer?

Diese Fragen sind sowohl gültig für das, was an Gedanken aus uns kommt, als auch für das, was an Gedanken von aussen an uns herangetragen wird. Ich bin der Meinung, dass wir in diesem Haus ohne

Saturns weise Begleitung jenseits der Schwelle keinesfalls auskommen.

Im Lebensbereich von Haus 10

Hier geht es um die Konzentration auf das Wesentliche, auf etwas Wesentliches in unserem Leben. Wesentlich in unserem Leben ist unser Auftreten in der Gesellschaft, unser Image und, dazugehörig, unsere berufliche Tätigkeit. Das Haus wird traditionell von Saturn beherrscht, und damit fordert es Konzentration, Disziplin, Regeln, Verantwortungsbewusstsein. Ebenso traditionell wird Saturn in diesem Haus mit «Versagensängsten» gedeutet, also der Angst, nicht zu genügen. «Mangelhaft» zu sein, sowohl in den eigenen Augen als auch in denen anderer.

*Mit Saturn **im neuen** Licht*

Hier ist die Nutzung der Saturn-Energie eine wunderbare Stütze, zum einen, weil gefragt wird, ob das, was als mangelhaft gesehen wird, es wirklich ist, und zum anderen, weil der reife Umgang mit ihr zur Wahrheit über uns selbst führt. Die Saturn-Frage «Stimmt das wirklich, dass ich nicht genüge, nicht genug kann, nicht genug bin?» wird zur Hilfe, sich in einem anderen Licht zu sehen. Gleichzeitig ist das zehnte Haus einer der Bereiche, in denen wir zur Meisterschaft kommen können. Wenn wir uns hier immer wieder mit den obigen Fragen konfrontieren und bemerken, dass wir mit genügend saturnischer Konzentration und Disziplin etwaigen Mangel beheben können, werden wir Meister unserer selbst. Wobei auch hier wieder der Mangel am ehesten behoben werden kann, wenn wir nicht etwas «loslassen» (den Mangel), sondern etwas hinzunehmen, um zur Fülle zu gelangen.

Im Lebensbereich von Haus 11

Dieser Bereich hat zweierlei, eigentlich sehr unterschiedliche «Botschaften»:

In der ersten «Botschaft» geht es darum, uns von Subjektivität zu befreien sowie von Abhängigkeiten in Emotionen und Beziehungen. Hier kommt Gleichwertigkeit ins Spiel, eine Aufhebung von Unterschieden. Hier wird gefordert, dass wir begreifen, wie sehr wir verfangen sind im Urteilen, in Wertzuweisungen und in emotionalen

Befindlichkeiten. Es ist das Haus der Neutralität. Gleichzeitig ist es das Haus der Gleichgesinnten, das Haus, in dem wir uns mit Menschen verbinden können, die «gleichen Sinnes» sind und damit unterstützend für uns und unser Handeln, zum Beispiel mit Freunden, Gruppen, Teams.

Die zweite «Botschaft» lautet, uns mit anderen zu verbinden, aber möglichst ohne zu werten, zu verurteilen, uns in Abhängigkeiten zu begeben oder andere von uns abhängig zu machen und ohne uns in reiner Emotionalität zu verfangen.

Letztendlich findet sich in diesem Lebensbereich die (eigentlich) grosse Herausforderung, sich auf andere Menschen(-gruppen) sowohl einzulassen als auch gleichzeitig die notwendige Distanz zu wahren, um frei zu bleiben.

Mit Saturn im neuen Licht

Die heilsame Nutzung der Saturn-Energie bedeutet, das, was ist, anzunehmen, das, was verwirklicht werden will oder soll, mit der notwendigen Sorgfalt und dem notwendigen Verantwortungsbewusstsein zu tun, jedoch – und das ist wichtig – mit einer gewissen Distanz, damit Überblick und Klarheit nicht verloren gehen. Auch im Kontakt, im Umgang mit anderen Menschen geht es in diesem Lebensbereich immer darum, das richtige Mass zu finden. Das ist auch eine Form der reifen Nutzung der Saturn-Energie als dem Herrscher von Wassermann: Sich einzulassen, aber sich dabei nicht vereinnahmen zu lassen. So sind er und seine Energie, wenn sie in der neuen Betrachtungsweise genutzt werden, eine perfekte Unterstützung in diesem Haus.

Im Lebensbereich von Haus 12

Wie alle wissen, ist die Deutung von Haus 12 eine schwierige, denn dort sind wir konfrontiert mit dem persönlichen Unbewussten und mit demjenigen, was wir gerne unter den Teppich kehren, was wir gar nicht so genau wissen wollen. Und immer wird auch gesagt, dass die Planeten des zwölften Hauses erst spät gelebt werden könnten, ja auch spät erst spürbar würden. Ein Grund dafür könnte sein, dass dieser Lebensbereich von uns zunächst die *persönliche* Entwicklung fordert. Hier bietet uns das Leben immer wieder Aufgaben an, uns kennenzulernen – durch unsere Sehnsüchte, Träume, Fantasien, psychischen Befindlichkeiten, durch Phasen des Rückzugs, um uns selbst besser zuhören zu können. Wenn wir es in diesem Lebensbereich schaffen, nicht so viel Lärm und Getöse in unseren Gedanken zu haben, gelingt es uns auch, die leisen Stimmen unserer geistigen Führung zu hören. Nicht nur das, wir finden dort auch die versteckten Botschaften und Aufträge unserer Sippe, unserer Ahnen, durch die wir uns hin zu uns selbst entwickeln können.

Mit Saturn im neuen Licht

Mehr noch als in anderen Häusern ist hier die strukturierende Energie von Saturn hilfreich. Den typischen Saturn-Fragen, ob etwas wirklich so ist, wie wir es betrachten, ob es wirklich wahr ist, wie wir etwas sehen, schliesst sich hier noch eine weitere an, nämlich *ob es zu verwirklichen ist, was wir ersehnen, was wir erträumen.* Saturn erdet, gleichgültig in welchem Zeichen er steht, und gibt so die Sicherheit, sowohl in Tagträumen als auch in der Verbindung mit der Geistigen Welt nicht abzuheben.

Er stützt uns auch in der persönlichen Entwicklung, vor allem wenn noch weitere Planeten im zwölften Haus stehen, denn er gibt die Sicherheit, dass wir die Energien dieser Planeten nicht übertreiben, und mit seiner Energie – auch das ist eine Eigenschaft Saturns, wenn wir ihn in einem neuen Licht betrachten – können wir uns fragen: Ist das wirklich richtig, ist das wirklich heilsam, wie ich mich verhalte? Auch das eine Frage, die dringend zur Reifung unserer Persönlichkeit gestellt werden sollte.

(→ Siehe dazu auch «Anhang 3 – ‹Rollenspiele› in den Häusern» auf S. 181.)

Vom Deuten zum Fragen

Von Sinn und Zweck

Exkurs: Was unterscheidet Sinn und Zweck?

Beide Begriffe werden häufig synonym benutzt, doch bei längerem Nachdenken ergibt sich ein eklatanter Unterschied.

Wenn von «Zweck» gesprochen wird, geht es im Allgemeinen darum, etwas zu erreichen, etwas zu bezwecken. Es gibt einen alten Satz «Der Zweck heiligt die Mittel», den ich absolut ablehne, da er unheilsame «Mittel», schadenverursachendes Verhalten nicht ausschliesst. Ich erwähne ihn hier trotzdem, weil er die Bedeutung des Wortes «Zweck» auf den Punkt bringt: um etwas zu erreichen …

Der Begriff impliziert also zu handeln, etwas zu tun.

Der Begriff «Sinn» wiederum schliesst nicht unbedingt eine Handlung ein, wenn man davon absieht, dass auch Denken eine – wenn auch geistige – Handlung ist. Es geht darum, etwas zu verstehen, ja mehr noch, Verstandnis fur etwas zu erlangen, ein Gefühl für etwas zu bekommen. «Den Sinn von etwas zu erfassen» geht, meiner Meinung nach, sogar noch etwas weiter, nämlich in eine innere Beziehung zu etwas zu treten.

Nach dem Sinn wird gesucht, manchmal wird er gefunden, in vielen Fällen erschliesst er sich erst lange nach dem Beginn der Suche. Häufig erweist sich die Sinnfindung beinahe wie ein Geschenk.

Wenn also im Folgenden von Sinn und Zweck gesprochen wird, sehe ich den Sinn als dem Zweck übergeordnet. Der Zweck fordert auf, etwas zu tun, und kann irgendwann als erfüllt betrachtet werden, während der übergeordnete Sinn sich vielleicht erst Jahre später erschliesst.

Gleichgültig, um welche Horoskop-Konstellationen es sich handelt, es sind dazu in allen astrologischen Lehrbüchern ganz bestimmte Deutungen zu finden. Wie schon in meinem letzten Buch DIE KARMISCHEN ABSICHTEN DER SEELE (Edition Astrodata, Wettswil 2021) angeregt, sollen auch hier den eindeutigen Zuweisungen durch Deutungen wie «So bin ich» oder «So bist du bei dieser oder jener Konstellation» weiterführende Fragen zur Seite gestellt werden.

Diese Fragen erlauben einen erweiterten Blick auf das, was hinter der Deutung steht, nämlich welche Lernaufgabe(n) die Konstellation mit sich bringt, die in diesem Leben erkannt, bestenfalls auch bearbeitet werden möchte(n).

Es geht bei einer zeitgemässen Deutung des Horoskops mit Sicherheit nicht mehr nur darum, Behauptungen aufzustellen wie «So bin ich halt, weil's im Horoskop steht» und sich dann darauf auszuruhen, sondern es geht jetzt darum, die hinter einer Konstellation liegende Absicht der Seele zu erkennen, zu welchem *Zweck* sie diese gewählt hat (was sie damit bezwecken will) und welches Verhalten in dieser Situation «zweckmässig» ist, um die erkannte Absicht bzw. Lernaufgabe zu bearbeiten. Natürlich sind die Bearbeitung einer belastenden Konstellation und die dadurch eingeleitete Veränderung immer sinnvoll. Der tiefere oder übergeordnete *Sinn,* wie ich ihn nennen will, wird aber meist erst später, vielleicht gar Jahre später, erkannt.

Nota bene

Um Sinn und Zweck herauszufinden, müssen wir über Behauptungen hinausdenken und von Deutenden zu ***Fragenden*** *werden.*

Mit Fragen wie:

Auf was will die Konstellation aufmerksam machen?

Welchen Zweck möchte die Seele damit erfüllen?

Was möchte sie erreichen, was bezwecken?

Was könnte der Sinn sein, der hinter dieser belastenden Energie steckt?

Der Zweck

Die Frage nach dem Zweck ist die Frage «Wozu»?

Wozu hat zum Beispiel die Seele einen Spannungsaspekt zwischen Mond und Saturn in einem Horoskop gewählt? Was könnte der Zweck sein, was soll bei dieser Konstellation getan, was erreicht werden? Wozu wird diese Energie in der Kindheit vom belastenden Ende her erlebt? Oder anders gefragt: Welcher Zweck könnte dahinterstehen, mit einer kargen, strengen, kontrollierenden Mutter oder in einem emotional eher eingeschränkten Umfeld zu leben?

Beim Versuch einer Antwort kann *im Allgemeinen* davon ausgegangen werden, dass die Seele in diesem Leben lernen möchte, von der belastenden zur heilsamen Wirkung dieser Konstellation zu gelangen (ich schreibe hier deshalb «im Allgemeinen», weil die Seele sich natürlich auch etwas anderes vorgenommen haben kann, um karmische Aufgaben zu bearbeiten).

Wie oben schon beschrieben, fordert ein Zweck dazu auf, zu handeln, etwas zu tun.

Auch wenn wir die Absicht der Seele, die diese Konstellation mit ins Leben gebracht hat, vielleicht nicht genau wissen, sondern nur erahnen, so ist doch eine Handlungsvorgabe klar ersichtlich: Diese fordert etwa im obigen Beispiel mit Mond/Saturn, die Energie des Mondes ganz zu sich zu nehmen, sich selbst eine liebevolle Mutter zu sein (auch als Mann), sich selbst mütterliche Liebe, Fürsorge und Geborgenheit zu geben und auf diese Weise in diesem Leben Verantwortung für das eigene Wohlergehen zu übernehmen und nicht kindlich das, was so sehr vermisst wurde und so sehr benötigt wird, von anderen einzufordern und so von ihnen und ihrem Wohlwollen abhängig zu sein. Solange wir uns im unreifen Umgang mit der Mond/Saturn-Energie befinden, sind wir darauf angewiesen, dass andere die Verantwortung (Saturn) dafür übernehmen, uns zu geben, was unser Mond braucht. Aber damit sind wir unfrei, denn wir müssen uns die Liebe, Fürsorge und Zuwendung der anderen durch angepasstes Verhalten immer wieder aufs Neue verdienen bzw. erhalten.

Es kann also der Zweck, ja vielleicht auch schon der tiefere Sinn sein, unser Verhalten derart zu ändern, dass wir weitgehend unabhängig von der Zuwendung anderer werden.

Das Argument, dass Kinder der Familiensituation hilflos ausgeliefert sind, möchte ich nicht generell gelten lassen. Um sich eine schwierige Familiensituation mit Mond/Saturn im Spannungsaspekt zu erleichtern, wählen viele von ihnen den Weg der Anpassung. Sie leben nicht ihre eigenen Mond-Bedürfnisse, sondern die der anderen. Jedoch habe ich viele Kinder, eben gerade mit Mond/Saturn im Spannungsaspekt, erleben und erfahren dürfen, die schon sehr früh eine ausgesprochene Stabilität und Widerstandsfähigkeit gegen die Bedürfnisse und Erwartungen anderer entwickeln konnten. Damit meine ich *nicht,* dass ihre Familiensituation nicht heftig und schwierig für sie war, sondern will darauf hinweisen, dass es auch schon in der Kindheit verschiedene Wege gibt, mit belastenden Erfahrungen umzugehen. «Hilflos ausgeliefert» sind wir mit Saturn eigentlich kaum.

Denken wir etwas tiefer, tauchen weitere Fragen auf: Was könnte der Zweck sein, wenn wir später als Erwachsene *immer noch unter dem Einfluss* dieser belastenden Sozialisierung stehen und unter dieser Situation immer noch leiden?

Um es klarer auszudrücken: Wir haben gehandelt, uns verändert, Gewesenes bearbeitet und verarbeitet, also viel für uns, unser Wohlergehen und unsere Heilung getan (vielleicht sogar mit einer Psychotherapie), und trotzdem hängen wir immer noch in emotionalen oder gedanklichen Gewohnheiten fest. Wir sehnen uns nach der Erfüllung unserer kindlichen Wünsche und denken immer noch: «Ja, wenn meine Kindheit nicht so schlimm gewesen wäre … wenn meine Mutter anders gewesen wäre, dann ...».

Damit ich richtig verstanden werde: *Es geht nicht darum, unbearbeitete Erfahrungen und die daraus resultierenden Gefühle zu verdrängen, nein, ich spreche von verbliebenen Gewohnheiten im gedanklichen und emotionalen Bereich.* Wir haben nämlich nicht nur Gewohnheiten in unserem Tun, sondern ebenso in unserem Denken, wir reagieren auf Situationen mit unseren gewohnten Gedanken und gewohnten Gefühlen. Handelt es sich um belastende Gedanken oder Gefühle, dann leiden wir immer wieder aufs Neue darunter, weil wir es nicht gelernt haben, Vergangenes wirklich vergangen sein zu lassen. Um mit dem Rocksänger Marius Müller-Westernhagen zu sprechen, müssen wir die Vergangenheit abschliessen, sonst sind wir in ihr gefangen.

Exkurs: Zum Umgang mit Vergangenem

Martin Korte, Professor für Neurobiologie, erläutert in seinem Buch Wir sind Gedächtnis *(DVA, München 2017) sehr anschaulich und ausführlich, dass unsere Erinnerungen bestimmen, wer wir sind.*

Die westliche Psychologie geht davon aus, dass unsere Vergangenheit, unsere Erfahrungen und wie wir sie verarbeitet haben, prägend sind. Die östlichen Weisheiten gehen noch einen Schritt weiter, denn sie sehen vergangene Inkarnationen, Karma und das daraus resultierende karmische Vermögen als Teil unserer Vergangenheit.

Doch so wichtig es ist, dass wir uns der Vergangenheit erinnern, so wichtig ist es, dass wir vergessen können, weil unser Gedächtnis unter der Fülle der Erinnerungen sonst irgendwann nicht mehr funktionsfähig wäre. Besonders wichtig aber ist es, belastende Ereignisse (auch hier spreche ich nicht von «Verdrängtem», sondern von bearbeiteten belastenden Erfahrungen) gehen oder ruhen zu lassen, damit wir (und unser Gehirn) «funktionsfähig» und offen für die Gegenwart bleiben und nicht immer aufs Neue getriggert werden, das Vergangene wieder und wieder hervorzuholen. Das ist, als würden wir von einer Wunde immer wieder den Schorf abkratzen, damit sie nicht heilt.

Wenn wir alles, was im Jetzt geschieht, ***ungeprüft*** *im Spiegel des Vergangenen sehen, dann sind wir in vergangenen Erfahrungen gefangen, in all den begleitenden Gedanken, Emotionen und letztendlich auch Handlungsweisen, die – sehr wahrscheinlich – unserer aktuellen Situation nicht mehr angemessen sind. Denn nicht nur die jetzige Situation ist eine vollkommen andere als die in der Vergangenheit, sondern auch wir sind mittlerweile vollkommen andere als die, die wir damals waren. Haben die vergangenen Erfahrungen ihren Zweck erfüllt, konnten wir vielleicht darin sogar schon den Sinn erkennen, dann dürfen wir sie gehen lassen. Sie sollen nicht vergessen werden, aber ruhen dürfen, damit wir nicht immer wieder etwas aktivieren, das eigentlich schon gewesen sein darf.*

Hat eine Konstellation oder – unabhängig vom Horoskop – eine Situation ihren Zweck erfüllt, haben wir also gehandelt, etwas verändert, dann ist der Zeitpunkt gekommen, den Zweck «gehen zu lassen». Ein erfüllter Zweck hat keinen Sinn mehr, er ist sinnlos geworden. Um beim obigen Beispiel zu bleiben: Der Spannungsaspekt Mond/Saturn hat seinen Zweck erfüllt, wir geben uns die Zuwendung, die Geborgenheit, die Fürsorge, die unser Mond braucht, selbst. Saturn stabilisiert diese Bemühungen, indem er uns immer wieder an die Verantwortung uns selbst gegenüber, unsere Eigenverantwortung, erinnert und uns ständig hilft, sie auch einzulösen. Doch wir hängen immer noch in der alten Schleife: «Ja, wenn damals nicht ...».

Darf das Vergangene wirklich gehen?

Da tut sich eine neue, *sehr wichtige* Frage auf, bei der uns Saturn, der ja die Wahrheit über uns aufzeigen will, helfen kann:

> *Will ich* das Vergangene wirklich vergangen sein lassen oder brauche ich es, weil ich daraus noch irgendeinen Nutzen ziehe?

(Ich möchte daran erinnern, dass unter anderem die Saturn-Energie deshalb so unbeliebt ist, weil sie uns mit der Wahrheit über uns selbst konfrontiert.)

Exkurs: Vom Plusquamperfekt

Die meisten Menschen haben eine Eigenschaft, die ich selbst aus schmerzlicher Erfahrung kenne: Sie können das Vergangene nicht lassen. Ich habe dazu ein Bild, das zwar nicht sehr liebevoll, aber doch treffend ist: Eine wunderschöne Kuh mit langen Wimpern und «puscheligen» Ohren liegt auf einer Blumenwiese und rülpst das längst gefressene Gras hoch, um es wiederzukäuen ... und wiederzukäuen... und wiederzukäuen. Wie gesagt, nicht liebevoll, aber treffend. Als ich wieder einmal beim wiederkäuen war, fiel mir Folgendes ein:

Es gibt in der deutschen Sprache drei Vergangenheitsformen:
die 1. Vergangenheit = es war (lat. Imperfekt)
die 2. Vergangenheit = es ist gewesen (lat. Perfekt)
die 3. Vergangenheit = es war gewesen (lat. Plusquamperfekt)

Imperfekt bedeutet im Lateinischen: noch nicht ganz perfekt, noch nicht ganz getan. Perfekt heisst: Es ist getan, es ist vorbei. Plusquamperfekt aber ist ein zusammengesetzter Ausdruck und bedeutet:
plus = mehr
quam = als
perfekt = getan

Es ist also ***mehr als getan****, es ist vollendet, es ist vollbracht.*

Nehmen wir jetzt diese 3. Vergangenheitsform im Deutschen, das Plusquamperfekt, dann heisst es: Es war gewesen.

Es ist also mehr als getan, es ist vollendet, es war gewesen. Oder, ganz einfach, es ist rum, es ist vorbei, Schluss, Ende, Punkt.

Wenn ich mir meine Idee vom Plusquamperfekt jetzt als buddhistische Übung für den Alltag vornehme, dann könnte das so aussehen:

Ein Gedanke an «damals» oder ein Gefühl von «damals» schleicht sich ein oder ist plötzlich da, vielleicht um auf etwas aufmerksam zu machen, vor etwas zu warnen, und wir lassen vor unserem inneren Auge sofort das Verkehrsschild STOPP hochfahren und sagen zu dem Gedanken oder dem Gefühl:

«Danke, dass du mich erinnerst, aber du hast deinen Zweck erfüllt, du darfst jetzt gehen».

Und dann stoppen wir wirklich diesen Gedanken.

Ja, es macht müde und muss immer wieder geübt werden, doch es hilft, wenn wir das Vergangene wirklich gehen lassen wollen.

Wir können diese Gedanken oder Gefühle – ein anderes Bild – auch in eine wunderschöne Schachtel packen, vielleicht mit einer bunten Schleife versehen und ganz oben in ein Regal stellen. Wir brauchen sie nicht mehr, können sie aber jederzeit herunterholen und betrachten.

Es ist immer wieder mal im Laufe unseres Lebens so, dass sich der Zweck einer (belastenden) Konstellation erfüllt hat, wir aber unsere Meinung über diese Konstellation nicht verändert und damit den Zweck nicht entlassen haben. So ist in unserem eigenen Horoskop immer wieder nachzufragen, ob das, was wir darüber denken, noch wahr ist, noch stimmt.

In Beratungen ist es natürlich unabdingbar, den Klienten sowohl die belastenden als auch die heilsamen Energien der Konstellationen vorzustellen und *zu fragen,* wie sie gelebt werden. Gerade in Beratungen ist es wichtig, dass wir zu *Fragenden* werden.

Der Sinn

Durch zweckmässiges – also dem Zweck gemässes – Verhalten und der dadurch hervorgerufenen Veränderung erschliesst sich vielleicht schon der *übergeordnete* Sinn des Ganzen. Nicht selten wird dieser allerdings erst viel später erkannt.

Die Frage nach dem Sinn ist die Frage «Warum»?

Nur in den seltensten Fällen kann es die Absicht der Seele sein, in einem einmal gelernten unheilsamen Verhalten zu verharren. Denn der Sinn von karmischen Aufgaben oder den sogenannten karmischen Horoskopfaktoren liegt darin, daran zu lernen, sie also entweder zu verändern oder sie zu vervollkommnen, zum eigenen Wohle und zu dem der anderen.

Wenden wir uns jetzt dem übergeordneten oder tieferen Sinn der oben angeführten Konstellation Mond/Saturn im Spannungsaspekt zu. Wobei natürlich zu beachten ist, dass wir uns jetzt im Bereich der Spekulation befinden und dieser übergeordnete Sinn für jede Person anders aussehen kann.

Wenn wir uns auf den heilsamen Umgang mit der Mond-Energie zubewegen, dann lernen wir, uns selbst alles das zu geben, was wir brauchen, oder wir lernen, andere darum zu bitten, es uns zu geben. Wir sorgen für uns und unser Wohlergehen und sind damit nicht auf die Sorge und die Liebe anderer angewiesen. *Wir sind frei. Und wir können frei wählen, was wir lieben, wen wir lieben und warum wir lieben.*

Vielleicht hat die Seele über viele Inkarnationen hinweg immer nur für andere gelebt, anderen Zuwendung und Bedürfnisbefriedigung zuteilwerden lassen und will jetzt auf diese Weise, durch diese Konstellation lernen, wie es sich anfühlt, sich selbst zuzuwenden. Vielleicht will sie lernen, sich selbst genauso wichtig zu nehmen wie andere, sich selbst ebenso viel Mitgefühl zuteil werden zu lassen wie den anderen. Vielleicht will sie, nach vielen Inkarnationen, zu einer inneren Freiheit finden.

Damit könnte für die Seele der Spannungsaspekt Mond/Saturn ins Astrologische übersetzt heissen, dass sie frei wählen darf, wie sie mit ihren eigenen Bedürfnissen und Gefühlen und denen anderer umgeht. Dass sie nicht mehr in der Verantwortung und Verpflichtung steht, sich selbst andauernd zurückzunehmen, um für die anderen liebenswert zu sein.

Da die Seele sich während der Inkarnation nur über die Persönlichkeit ausdrücken kann, findet sich jeweils ein doppelter Sinn: sowohl für die Seele als auch für die Persönlichkeit. Ist die Persönlichkeit gefestigt und die Seele frei, dann kann das Potenzial der Konstellation Mond/Saturn anderen Menschen hilfreich zur Verfügung gestellt werden. Und das ist ja eine Absicht der Seelen, heilsam zu sein für sich und andere(s).

Eine weitere Aufgabe, die die Konstellation Mond/Saturn aufzeigt, ist, sich auf den heilenden Umgang mit der Saturn-Energie hinzubewegen, sie kennenzulernen und als wohlwollende Begleitung anzunehmen. Wenn wir Verantwortung für unseren Mond übernehmen, uns also auf diesen heilsamen Umgang mit seiner Energie zubewegen, dann wirkt Saturn stützend, unterstützend, um bei uns zu bleiben, uns immer wieder an die Eigenverantwortung zu erinnern und uns zu zeigen, was wir wirklich wünschen, wir mit dieser Konstellation wirklich brauchen: nämlich stabile Zuwendung, verlässliche, mütterliche Fürsorge, Klarheit in unseren Bedürfnissen und eine innere Kraft, an die wir uns anlehnen können, wenn wir uns wieder einmal den Emotionen ausgeliefert sehen. Wer kann das besser als wir selbst?

Wann hat sich der Sinn erschlossen, wann ist der Zweck erfüllt?

Wann ist es also Zeit, aus der belastenden Energie herauszutreten?

Und wie ist das möglich?

Man kann sagen, dass eine Verhaltensänderung erst dann möglich ist, wenn die Botschaft, die dahintersteckt, erkannt ist. Anders ausgedrückt: wenn Sinn und Zweck des Verhaltens erkannt sind.

Das ist jetzt zwar nicht nach der Lehre des Behaviorismus und einigen, der Tradition sehr verhafteten Verhaltenstherapien, deren Credo darin besteht, dass Belastendes, das einmal gelernt wurde (egal aus welchem Grund), auch wieder verlernt werden kann. Das ist häufig richtig, doch immer wieder zeigt die Erfahrung, dass Menschen nach dem Grund, dem Sinn und Zweck ihres belastenden Verhaltens oder Problems suchen.

Nun hat sich in der psychologischen Astrologie nach der Behauptung «So bin ich» vielfach schon die Frage «Warum bin ich so?» eingebürgert. Dann werden, nach psychologischer Art, Auslöser in der Vergangenheit gesucht, so, wie bei obigem Beispiel die strenge Mutter oder die emotionale Kühle in der Kindheit gefunden wurde. Wenn die Person aber schon das mittlere Alter erreicht hat, ist es müssig, *nur* nach Auslösern in der Kindheit zu forschen. Es müssen weitere Fragen gestellt werden, nämlich nach dem Sinn und Zweck der Konstellation und nach dem Grund, warum die Person noch nichts verändert hat.

So ergibt sich eine Reihenfolge:

Von der Behauptung «So bin ich» ...

- zu der Frage: Warum bin ich so? ...
- zu der Frage: Welcher Zweck, welcher Sinn steckt dahinter? ...
- zu der Frage: Was ist der Grund, dass ich bis jetzt nichts verändert habe? ...
- zu der Frage: Habe ich den Zweck noch nicht erkannt? Was soll es bezwecken? ...
- zu der Frage: Suche ich jetzt schon nach dem Sinn, obwohl der Zweck noch nicht erkannt bzw. erfüllt ist? ...
- zu der Frage: Oder ist der Zweck erfüllt und ich hänge immer noch am Vergangenen und kann es nicht lassen? ...
- zu der Frage: Erschliesst sich der Sinn vielleicht erst, wenn ich das Vergangene abschliessen kann?

Häufig finden wir auf die Fragen, warum wir so sind und warum wir uns so verhalten, Erklärungen, die auf belastenden Erfahrungen und ebensolchen Prägungen aus Vergangenem, zum Beispiel der Kindheit, beruhen. Doch das Vergangene ist vergangen, und belastende Prägungen rufen nach einem neuen Weg.

Dieser Weg beginnt mit den Fragen: «Wozu das Ganze?» (Zweck) und «Warum das Ganze?» (Sinn), also nach dem Zweck und nach dem Sinn des Erlebten.

Sehr wichtig: Natürlich gibt es Betroffene mit tief traumatisierenden Erfahrungen, von deren Auswirkungen sie ein Leben lang «begleitet werden». Doch auch hier gilt es – selbstverständlich nach einer gründlichen, professionellen psychotherapeutischen Aufarbeitung –, das «Es war gewesen» liebevoll einzuüben.

Als Letztes noch: Die Saturn-Energie hat noch eine Eigenschaft, die wir erst bei näherem Hinsehen bemerken: Sie führt uns auch in die Selbstliebe und Selbstakzeptanz. Sie zeigt uns die Wahrheit über uns, und wenn wir die Wahrheit (also wie wir wirklich sind) erfahren und anerkennen, werden wir Meister unseres Lebens. So, wie wir *wirklich* sind, nicht gemacht aus Wünschen, Erwartungen, Vorstellungen von anderen Menschen, die ja häufig unseren Saturn buchstäblich verkörpern. Denn sehr oft haben wir den Saturn unserer Eltern, Lehrer, von Menschen, die ihr Leben mit uns teilen, oder der Gesellschaft auf der Schulter sitzen und leben nach dessen Regeln und Vorstellungen, die häufig gar nicht die unseren sind.

Mit Saturn als Türsteher auf der Schwelle stehen

Auch wenn es heisst *der* Saturn, also die männliche Form genommen wird – seine Energie wie auch die von Steinbock, über den er herrscht, **sind weiblich.** Diese *irdische, weibliche* Energie *diesseits* der Schwelle leitet die Bereitwilligen *über* die Schwelle, und seine *geistige* Energie führt und begleitet dann *jenseits* der Schwelle.

> Saturn wird zu unserer inneren Führerin, Beobachterin, zu der, die weiss – zu dem, das weiss in uns.

Er ist der letzte Planet vor der Schwelle und der erste Planet nach der Schwelle. Er hat somit eine *doppelte* Funktion.

Verzögerungen auf der Schwelle

Stellen wir uns vor, das erste Mal vor dem Türsteher einer Disco zu stehen – voller Neugier, voller Freude, aber auch mit einer gewissen Anspannung, vielleicht sogar Ängstlichkeit vor dem «Dahinter» – dann kann es uns mit Saturn auf der Schwelle ganz ähnlich gehen. Es gibt einiges, was uns zögern lässt, uns von vertrauten Gedanken und Gefühlen dem irdischen, psychologischen Saturn gegenüber zu lösen und uns seiner Begleitung, seiner Führung anzuvertrauen. Denn es bedarf wirklich einer Änderung der so lange eingeübten und dadurch auch gelebten Meinung über ihn. Es bedarf einer Änderung der Betrachtungsweise, der Geisteshaltung – wir müssen einen Perspektivwechsel vornehmen.

Exkurs: Über Veränderung 1

Immer wenn wir auf etwas Neues zugehen, verändert sich das Alte. Entweder kommt etwas hinzu oder etwas wird zurückgelassen, jedoch nie bleibt das Alte dasselbe wie vorher. Anders ausgedrückt: Immer wenn etwas verändert wird, gibt es einen Moment der Unsicherheit, weil das Alte nicht mehr dasselbe ist, das Neue jedoch noch unbekannt. Psychologisch ausgedrückt ist es ein Moment des Kontrollverlustes, und sei er auch noch so kurz.

Ein solcher Augenblick des Kontrollverlustes folgt auch einer Entscheidung, denn wir wissen nicht, ob sie richtig oder falsch ist. Auch wenn uns dieser Moment der Unsicherheit gar nicht bewusst ist, unser «inneres Sicherheitssystem» warnt, was häufig eine Entscheidungsunlust oder Veränderungsunlust zur Folge hat.

Da aber jede Veränderung und jede Entscheidung, was die Konsequenzen betrifft, in der Zukunft liegen, ist es notwendig, um nicht zu erstarren, den Mut aufzubringen und über die Schwelle ins (vorübergehend) Ungewisse zu gehen.

Deshalb ist es zunächst einmal nicht ungewöhnlich, dass auch eine gewisse Ängstlichkeit besteht, vertraute Vorstellungen, vertraute Glaubenssätze und Kontrolle aufzugeben, denn sie geben uns Sicherheit. Auch eine gewisse Sorge vor dem, was uns hinter der Tür erwartet, ist ebenso «normal» wie das etwas mulmige Gefühl vor Unbekanntem oder die Angst etwas nicht zu können. Ebenfalls besteht die Möglichkeit, dass wir uns Sorgen machen, über die Schwelle der bisherigen astrologischen Deutung zu gehen und nicht zu wissen, was uns dann erwartet. Zuletzt noch die Angst, den vertrauten *psychischen* Bereich zu verlassen und in den vielleicht noch unvertrauten *seelischen* Bereich zu gelangen. Nicht zuletzt können auch Bequemlichkeit, Desinteresse oder die Einstellung «Es geht schon so irgendwie» dazu führen, im altvertrauten Umgang mit der Saturn-Energie zu verweilen.

Noch ein weiterer Gedanke sollte hier mit einfliessen: Eine wirkliche, bleibende Veränderung in unserem Leben, ein wirkliches, bleibendes Lernen kann nur dann stattfinden, wenn es der Lebensplan, wenn es das Karma zulässt. Es gibt Veränderungen, die geschehen beinahe schlagartig und nachhaltig. Andere Themen wiederum werden uns zur Veränderung immer wieder vorgelegt. Wir sind dann enttäuscht über uns und gefrustet und denken, dass eigentlich gar nichts vorwärtsgeht, sondern wir uns im Kreis bewegen. Ein Bild mag uns hierbei helfen: nämlich, wenn wir uns vorstellen, dass wir uns nicht in einem Kreis, sondern in einer Spirale vorwärtsbewegen und uns dieselben Themen zur Veränderung auf *einer anderen Ebene* wieder vorgelegt werden. Dann handelt es sich um eine langsame Veränderung, denn nie ist das Thema wirklich dasselbe wie zuvor. Es gleicht dem anderen, doch in der Zwischenzeit haben wir uns verändert, die Situation, unsere Gedanken darüber, unsere Herangehensweise – es ist also dasselbe Thema, jedoch immer in einem neuen Gewand.

Ob die Seele sich nun eine plötzliche oder langsame Veränderung vorgenommen hat, kommt darauf an, auf welche Weise sie ihre karmischen Aufgaben bearbeiten möchte und wie sie diese in ihren Lebensplan eingebaut hat.

Es gibt viele Bücher, die sofortiges Glück versprechen, wenn die Leser nur dieses oder jenes tun würden, sich genügend intensiv etwas wünschen würden oder auch etwas loslassen, das ihrem Glück im Wege steht. Die Erfüllung dieser Versprechen aus diesen Büchern kann selbstverständlich *nur dann gelingen*, wenn es das Karma, der Lebensplan der Seele zulässt. Das wird sehr häufig nicht bedacht und führt dann zu Frust, Traurigkeit und letztendlich zu dem Gefühl, dass man machen kann, was man will, es geht irgendwie doch nie.

Was dabei keinesfalls vergessen werden darf:

Wir werden nicht gezwungen, ja nicht einmal aufgefordert, die irdische Nutzung um die spirituelle Energie von Saturn zu erweitern. Allein schon jeder Gedanke, jedes Wort und jede Handlung im Sinne des «Sowohl-als-auch» statt des «Entweder-oder» bedeuten einen Ausflug ins Reich jenseits der Schwelle. Nach einem Ausflug kehrt man nach Hause zurück. Wenn das Zuhause diesseits der Schwelle ist und wir hier unsere Aufgabe in diesem Leben spüren oder uns hier sogar wohlfühlen, dann ist ein Ausflug mit Rückkehr nach Hause vielleicht die Sicherheit, die unser Ich braucht, um irgendwann auch eine Reise mit einem unbekannten Ziel zu beginnen. Es ist also keine Eile angesagt – die Energie von Saturn steht uns immer zur Verfügung.

Ob es nun eine äussere Reise in ein unbekanntes Land oder eine innere Reise in eine noch unvertraute astrologische Sichtweise ist, es bedarf in jedem Fall einer Entscheidung:

Bin ich bereit?

Falls wir zur Reise bereit sind, verlangt Saturn als Hüter der Schwelle eine *ehrliche* Prüfung, wie weit wir sind: Ob wir bereit sind, indem wir die Nutzung *diesseits* der Schwelle weitgehend bearbeitet haben (eine vollständige Bearbeitung ist eine lebenslange Aufgabe, also bitte auch hier keine Eile ...).

Folgende Fragen könnten bei dieser Überprüfung gestellt werden:

- Kann ich meine Schattenseiten erkennen und annehmen?
- Bestimmen noch belastende Glaubenssätze, einschränkende Regeln mein Verhalten?
- Denke und fühle ich noch im Mangel? *Wie sehr vergleiche ich mich noch?*
- Wie sehr werte ich mich selbst noch ab? Wie sehr die anderen?
- Wie stark muss ich noch kontrollieren? Mich? Andere?
- Weise ich noch immer anderen die «Schuld» an etwas zu? Suche ich die Ursache meiner Situation immer noch im Aussen?
- Wo habe ich noch Feindbilder?

Mit Saturn die Schwelle überschreiten

Nota bene
Nicht die Saturn-Energie verändert sich jenseits der Schwelle: Sie bleibt immer dieselbe.
Doch wenn wir über die Schwelle gehen, verändert sich unsere Betrachtung und die Nutzung der Energie.

Das Überschreiten der Schwelle ist eine «kontinuierliche Lebensaufgabe», wir nähern uns der Schwelle, stehen auf ihr, überschreiten sie, dürfen Erkenntnisse sammeln und erweitern, fallen wieder zurück, sehnen uns nach dem «Dort» und beginnen von neuem den Weg.

Jenseits der Schwelle, deren Hüter Saturn ist, gelangen wir in den Bereich der drei geistigen oder spirituellen Planeten Uranus, Neptun und Pluto. Saturn hat, wie oben schon erwähnt, eine doppelte Funktion inne, weshalb seine Energie sowohl irdische als auch spirituelle, geistige Eigenschaften anbietet.

Um ein genaueres Bild von den in diesem Zusammenhang verwendeten Begriffen Spiritualität, Geist, Psyche und Seele zu erhalten, werden diese im Folgenden näher erläutert.

Die Spiritualität

Viele reden darüber, jede(r) möchte es sein: spirituell – doch was ist das eigentlich?

«Spirituell sein heisst, die göttlichen Aspekte des eigenen Wesens in jedem Leben neu und auf unterschiedliche Weise zu entdecken und zu entfalten. Geistige Entwicklung im Sinne einer mentalen Schulung kann dabei eine Hilfe sein. Sie ist aber keineswegs eine zwingende Voraussetzung für diese Wiederentdeckung.» (Frei zitiert nach dem Buch DIE SIEBEN ARCHETYPEN DER ANGST von Varda Hasselmann und Frank Schmolke, Goldmann, München 2009. Varda Hasselmann channelt die geistige Gemeinschaft «Die Quelle».)

Jedes menschliche Wesen durchläuft also in *jeder* Inkarnation eine spirituelle Entwicklung, die viele Erfahrungen aus früheren Leben voraussetzt. Je öfter eine Seele inkarniert hat, desto mehr Erfahrungen konnte sie sammeln und desto mehr Möglichkeiten stehen ihr in ihrer spirituellen Entwicklung im aktuellen Leben zur Verfügung. Auch wenn sich die Art und Weise der spirituellen Entwicklung eines Menschen von unseren Vorstellungen von Spiritualität stark unterscheidet – es findet *immer* eine Entwicklung statt. Grundlage zu diesen Gedanken ist ebenfalls das oben zitierte Buch.

Wem die Formulierung «die göttlichen Aspekte» nicht so ganz liegt, kann stattdessen «die Aspekte des Verbundenseins mit dem All-Geist oder dem All-Einen» verwenden.

Doch es geht bei Spiritualität – und das wird hier im Westen oft vergessen – nicht nur um eine spirituelle, geistige Weiterentwicklung des Bewusstseins, sondern gleichsam um eine Verankerung des Geistigen im körperlichen und psychischen Bereich – es muss also, um wirken zu können, durch das Ich in den Alltag integriert und damit *erfahren werden.* Es geht um Ganzwerdung, darum, sich selbst ganz und gar wahrzunehmen, die Wahrheit über sich zu erfahren.

Hier finden wir auch das «Anliegen» von Saturn (wenn wir ihn personalisieren), nämlich Klarheit und Wahrheit über uns zu erlangen, zum einen durch die Lernaufgabe des Diesseitigen und zum anderen durch das Erleben der «spirituellen Saturn-Energie» jenseits der Schwelle.

Noch einmal zur Erinnerung: Alle Planetenenergien sind geistig, spirituell, feinstofflich und stehen uns im irdischen Bereich jederzeit zur Verfügung. *Wie wir sie nutzen, liegt bei uns.*

Der verständliche Wunsch ganz vieler Menschen, die auf einem spirituellen, geistigen Pfad sind, ist, den Zustand des Erwachens zu erleben.

Das Wesen des Erwachens aber besteht aus dem Gefühl des absoluten Verbundenseins mit *allem*, es besteht aus wohlwollender Zuwendung, Mitgefühl und Demut. Dies aber widerspricht dem üblichen Bewusstsein der Persönlichkeit, des Ichs, das sich getrennt von allem anderen sieht – *ja, und auch erlebt.* Wir erleben uns als Subjekt getrennt von einem sich uns gegenüber befindlichen Objekt und *sind* es auch. So spricht der Buddhismus von einer «relativen Wahrheit» und einer «ultimativen Wahrheit». Die relative Wahrheit ist das, was wir hier erleben, in dieser dualen Welt, ein Teil der ultimativen Wahrheit ist die geistige oder spirituelle Verbundenheit mit allem.

Zum Schluss noch eine ganz weltliche Interpretation von Spiritualität vom Dalai Lama. Auf die Frage, was er unter Spiritualität verstehe, antwortete er sinngemäss: «Ich lebe spirituell, wenn ich alles, was ich weiss, und alles, was ich kann, den Menschen zur Verfügung stelle, damit sie glücklich werden.»

Der Geist

Der Mensch ist «zusammengesetzt» aus vier Aspekten: dem Körper, der Psyche, der Seele und dem Geist. Wobei der Geist die Basis für die drei anderen Aspekte ist, denn er verkörpert sich im materiellen, im emotionalen und im seelischen Bereich. Über den Geist sind wir mit dem All-Geist, dem All-Einen, dem Göttlichen verbunden und damit mit ALLEM. Zum Geist gehören auch die Gedanken, der Verstand, das Alltagsbewusstsein, doch diese sind nur Teile davon, der Geist ist mehr als die Summe dieser Teile.

Die Psyche

In der Psyche und durch sie wird das, was wir erleben, das, was das Leben uns bietet – angenehm oder unangenehm – bearbeitet und verarbeitet. Ich sehe die Psyche als *sehr wichtigen Teil des Bewusstseins,* der Persönlichkeit (so nenne ich das Ego), der zusammen mit der Persönlichkeit im Tod erlischt.

Die Seele

Ich bin das Kind aus Luft und Wind,
die Tochter von Wasser und Erde.
Ich trotze der Zeit, der Unsterblichkeit,
Weil ich ewig vergehe und werde.

Aus dem Gedicht DIE WOLKE
von Percy Bysshe Shelley

Die Seele ist ein grenzenloses Bewusstseinsfeld, untrennbar mit unserem Körper, unserem Geist und mit ALLEM verbunden. Deshalb sind auch wir mit unserer derzeitigen Persönlichkeit bis in die letzte Faser mit ALLEM und dem All-Einen verbunden.

Die Seele ist die feinstoffliche Wesenheit, die von anfangloser Zeit zu endloser Zeit besteht. Sie ist es, die das Wesen – das Wesentliche in uns – über alle Leben hinweg ausmacht. Sie manifestiert sich immer wieder in den einzelnen Inkarnationen, um mit der Persönlichkeit eine Vereinigung zu bilden, die uns zu der Person werden lässt, die wir im jeweiligen Leben sind.

In der westlichen Spiritualität wird die inkarnierte Seele häufig als Teil einer grösseren feinstofflichen Wesenheit – der Gesamtseele – gesehen, als der Teil, der uns in der aktuellen Inkarnation zugänglich ist. Doch wenn alles über das All-Eine verbunden ist, ist die Unterscheidung von Selbst, Höherem Selbst, Seelenanteil und Gesamtseele unnötig und verwirrend. Uns steht potenziell *alles* aus der spirituellen Welt zur Verfügung. Es ist eine Frage der Geisteshaltung, der inneren Haltung und unseres persönlichen Weges durch diese Inkarnation, wie viel wir davon spüren und erfahren dürfen oder können und, nicht zuletzt, auch wollen.

Die Seele ist die feinstoffliche Wesenheit, die uns mit ALLEM verbindet, Organischem und Nichtorganischem, Materiellem und Nichtmateriellem – und damit auch mit der Geistigen Welt. Sie ist die Wesenheit in uns, die «weiss». Sie, die ihrem Seelenweg über alle Leben hinweg folgt. Und diesen Weg dann, in jeder einzelnen Inkarnation, über Absichten, Pläne, Fähigkeiten, über intellektuelles, emotionales und physisches Vermögen und über das Horoskop zum Ausdruck bringen möchte.

> Die Seele ist der inkarnierte «Aussenposten» der Geistigen Welt, unmittelbar und stets mit ihr verbunden.

Seele und Psyche arbeiten mit Hilfe von Saturn zusammen

Die Seele kann sich nur über die Psyche ausdrücken. Wir müssen also der Psyche «auf die Schliche kommen», wenn wir die Seele verstehen wollen. Die Psyche ist aufs Engste verbunden mit den Geisteshaltungen.

Ein *psychisches* Muster ist das Resultat von Erlebtem und Gelebtem, zusammengesetzt aus Ereignissen und deren Verarbeitung, von Prägungen, Sozialisation und vielleicht auch Traumata. Das psychische Muster produziert emotionale Reaktionen – daraus entstehen Verhaltensweisen. *So grenzt uns das psychische Muster ein,* je nachdem, welche Geschichten wir erlebt haben und welche Sichtweise wir von unserer Vergangenheit in diesem Leben haben.

Das *seelische* Muster hingegen (obwohl es sich physisch manifestieren muss) weist eine Geschichte von früheren Inkarnationen auf, die schon im feinstofflichen Zustand eine «Vorbearbeitung» hatten, und ist deshalb nicht mehr der Zwanghaftigkeit des psychischen Musters unterworfen. Es entsteht dadurch ein Freiraum, ein Entscheidungs- und Handlungsfreiraum, innerhalb dessen sich der Mensch entfalten kann, ohne den Zwängen der ihn umgebenden Verhältnisse unterworfen zu sein.

Das geschieht, wenn wir mit Saturn über die Schwelle in den geistigen, spirituellen Raum gehen, wenn wir die spirituelle Seite von Saturn betrachten, erspüren, emotional wahrnehmen, nicht bewerten, nicht in Unwissenheit verfallen, sondern bereit sind, geschehen zu lassen. Innerlich geschehen zu lassen.

Saturn lässt uns die Wahl: Was ist für mich richtig oder falsch? Was ist meine innere Wahrheit, nach der ich strebe zu leben?

Saturn im Spirituellen drängt uns, die Psyche etwas zurückzunehmen (Emotionen zurückzunehmen), den Geist zu schulen, die eigene innere *Haltung* wahrzunehmen und zuzulassen, *jenseits* von Mangel-Denken und Verbesserungsstrategien.

Durch ihn finden wir den Kontakt zur Seele.

Diesseits der Schwelle, im Äusseren, drücken wir Saturn meistens durch unsere psychischen Reaktionen auf Gedanken, Vorstellungen und Emotionen einen Stempel auf: Das ist Saturn allgemein oder das ist *mein* Saturn. Hilfreich in diesen Fällen ist, und hier wiederhole ich mich, zu bedenken, dass der Planet Saturn gar nichts tut und es unsere Entscheidung ist, ob wir seine Energie wie bisher nutzen oder in einer anderen Form. Es ist dieselbe Energie, und es liegt an uns, ihr eine neue Form zu geben. Wobei eine Eigenschaft der Saturn-Energie auch das Formgebende ist.

Jenseits der Schwelle gibt Saturn uns im Inneren die Stabilität, das Äussere zu begreifen und zur inneren Meisterschaft, das heisst zur Wahrheit unserer Seele zu gelangen.

Er zeigt uns nicht, was oder wie wir gerne *wären,* sondern die tiefere Wahrheit: wie wir *sind*. Wenn wir dort sind, bei uns, so, wie wir sind, dann spüren wir Freude, Lust und innere Zufriedenheit, inneren Frieden. Spüren, dass Mangel zu einem Potenzial werden kann, wenn wir Saturn als wohlwollende Begleitung annehmen können.

Denn jeder Mangel, jede Schattenseite weist auf ein Potenzial hin *(→ siehe dazu auch: «Der fünfte Wegweiser: Mangel-Denken wird verändert» auf S. 120).*

> Saturns Fragen diesseits der Schwelle sind: Ist das wahr? Ist das wirklich so? Seine geistige Energie jenseits der Schwelle aber führt zu: *Es ist, wie es ist.*

Keine Planetenenergie bietet klarer, verantwortungsvoller und beständiger an, diese Erkenntnis zu verinnerlichen. Sie zu einer inneren Haltung werden zu lassen und zu versuchen, danach zu leben. Verfolgen wir diesen Gedanken weiter, dann erspart uns das viel Leid, denn der Gedanke «Es ist, wie es ist» verhilft zu Struktur und beruhigtem, strukturiertem Denken, nämlich: Was ist zu tun?

Der übliche Gedanke aber «Ich will nicht, wie es ist» birgt immer einen Mangel in sich. Es fehlt nämlich irgendetwas zur Zufriedenheit. Unzufriedenheit aber gehört in den emotionalen Bereich unserer Persönlichkeit, lässt uns leiden und (ver-)führt oft zu nicht adäquatem Verhalten.

Der geistige Saturn jenseits der Schwelle

Saturn jenseits der Schwelle führt uns direkt aus dem Bereich der Psyche in das Reich der Seele in diesem Leben, in dieser Inkarnation. Hier löst sich vor allem das psychische Entweder-oder im seelischen Sowohl-als-auch auf.

Das kann beängstigende Gefühle hervorrufen, denn in unserer dualen Welt ist das Entweder-oder etwas, das tief unserem innersten Gefühl entspricht: Etwas ist angenehm oder unangenehm, etwas mag ich oder mag ich nicht, etwas will ich haben oder nicht. Das ist eine psychische innere Betrachtungsweise, die uns instinktiv am Leben erhält, weil sie uns zu Entscheidungen nötigt: Etwas ist gut für mich oder nicht. Das, was gut oder nicht gut ist, entscheiden wir nach den Prägungen dieses Lebens und eventuell auch nach Prägungen aus anderen Inkarnationen. Immer aber ist es die «Eindeutigkeit» von Entweder-oder, die uns in dieser dualen Welt Sicherheit gibt.

Gehe ich aus der psychischen Welt über die Schwelle in die spirituelle Welt der Seele, dann wird es schwieriger. Dieses Entweder-oder, diese eindeutigen Entscheidungen für oder dagegen, diese eindeutigen Entscheidungen etwas ist gut oder schlecht lösen sich auf in ein Sowohl-als-auch. Sie lösen sich weiter auf in etwas noch Schwierigeres – in «So, wie es ist, ist es im Augenblick richtig». Dies ist jetzt zwar eine eindeutig buddhistische Ansicht, doch dieses Wissen darum, dass der Augenblick der richtige ist, geht über die Religionen und auch über die Philosophie hinaus – in ein tiefes, wahres, inneres Wissen. Wie bedrohlich auf der einen Seite (wir verlieren die äusseren Regeln und damit auch die uns von aussen gegebene Kontrolle), wie zutiefst liebevoll und frei auf der anderen Seite.

Wer, wenn nicht Saturn in seiner spirituellen Eigenschaft, kann uns in dieser Situation begleiten?

Diktat aus der Geistigen Welt

Ich möchte auf den im nebenstehenden «Diktat aus der Geistigen Welt» erwähnten Satz «So, wie es ist, ist es im Augenblick richtig» näher eingehen. Mit der Saturn-Energie *diesseits* der Schwelle entscheiden wir, ob etwas richtig oder falsch ist, ob etwas den Regeln entspricht oder nicht. *Jenseits* der Schwelle hilft sie uns, den «Augenblick» zu akzeptieren, vielleicht sogar zu der Einsicht zu gelangen, dass es so, wie es ist, für den Augenblick richtig ist. Voraussetzung dazu ist allerdings, dass wir gewillt sind, Saturn nicht mehr als Behinderung, sondern als Bereicherung anzusehen.

Exkurs: Formgebung mit Saturn, Uranus und Pluto

Einen (vielleicht etwas ver-rückten) Gedanken möchte ich noch hinzufügen: Jenseits der Schwelle treffen wir auf die Energien von Uranus und Pluto, wobei dem einen die Möglichkeit zugesprochen wird, etwas zu reformieren, dem anderen, etwas zu transformieren. Saturn als Hüter der Schwelle «kennt» diese Energien, zum einen, weil er als «Türsteher» auch die Energien der Jenseitigen kennt, zum anderen, weil in diesen Energien auch Teile seiner eigenen Energie, nämlich das Formgebende, enthalten sind.

Wenn wir also mit der Uranus-Energie etwas finden, das nicht mehr dem aktuellen Stand entspricht oder nicht heilsam ist für uns, dann können wir es – mit Hilfe der Energie von Saturn – re-formieren, nämlich umgestalten.

Mit der Energie von Pluto könnten wir dieses trans-formieren und – auch hier in Zusammenarbeit mit Saturn – einen Übergang in einen anderen Zustand schaffen. Etwas also vollkommen und dauerhaft verändern.

Wenn mit Saturn vor der Schwelle die Angst vor Veränderung, die Angst vor einer neuen Form zu einer Hemmung oder Blockade führt, dann kann seine Energie – sofern er nach der Schwelle als wohlwollender Begleiter betrachtet wird – zusammen mit Uranus oder Pluto zur Formgebung genutzt werden.

Innere Regeln lösen äussere ab

In der tieferen Wahrheit von Saturn, die wir im Bereich jenseits der Schwelle erfahren, geht es um *innere* Regeln, die äusserlich niemand bestimmt hat, weil sie in der seelischen Anlage verankert sind. Es geht um unser *seelisches* Grundmuster oder um unsere *seelische* Grundhaltung.

Und hier ist es ganz wichtig zu unterscheiden:

Die *psychischen* Anlagen sind eng korreliert mit Erfahrungen, Prägungen und den Einflüssen der Sozialisation, die am Tag der Empfängnis beginnen. Sie sind in manchen Fällen auch eng korreliert mit Erfahrungen, Prägungen und Sozialisationseinflüssen, die in vergangenen Inkarnationen erworben wurden.

Die *seelischen* Anlagen hingegen sind entstanden sowohl aus dem All-Geist, dem Göttlichen, der Liebesfähigkeit, aus der alle Seelen stammen, wie auch aus ihrer Reise durch die Inkarnationen. Genau diese Erfahrungen – die in der spirituellen Heimat in kristallklarer Einsicht bearbeitet und dadurch zu Anlagen wurden – sind es, welche die Seelen immer begleiten. Diese Anlagen beinhalten die ganz persönliche, tiefe, innere Wahrheit, die unsere innere Schönheit und Ganzheit aufzeigt und die nicht diskutierbar ist. Im Buddhismus spricht man vom «Goldenen Buddha» in *jedem* Menschen, wie verschüttet er auch sein mag. Meister Eckhart sprach vom «Göttlichen Funken» in uns und meinte damit wohl dasselbe.

Um den Begriff «Anlage» besser zu verstehen, können wir auch den Begriff «innere Regel» verwenden oder noch einfacher: die *innere Richtschnur,* die der inkarnierten Seele eine Orientierung gibt. Diese innere Richtschnur aber ist frei von Prägungen, frei von äusseren Regeln, Geboten, Verboten, die Saturn im Aussen bestimmen und ihm in der Astrologie seinem Platz diesseits der Schwelle geben.

Wie ist das zu verstehen? Unsere innere Richtschnur, unser innerer Kompass bedeutet: unsere persönliche Ethik, die ganz klar unsere soziale Einstellung widerspiegelt. Die Richtschnur leitet uns oder verleitet uns – bei den meisten Menschen völlig unbewusst, denn sie wird schrittweise, über Inkarnationen hinweg, von der Seele erarbeitet, und zwar vor allem im spirituellen Zustand, nicht während der Inkarnation. Je älter die Seele ist, je öfter sie immer wieder «unterwegs» war, umso mehr nimmt ihre ethische Liebesfähigkeit zu und wendet sich vom «Entweder ich oder die anderen» hin zum «Sowohl ich als auch die anderen». Dies bedarf einer tiefen Einsicht und Reflexion, und je öfter die Seelen inkarniert haben, desto näher sind die

Menschen an dem Punkt, an dem sie offen und bereit sind, die Schwelle – zusammen mit dem spirituellen Saturn als Begleiter – zu überschreiten.

Exkurs: Über Vergleichen 2

Weil wir Menschen fast immer sofort in Vergleiche gehen und uns dann entweder besser oder schlechter als andere fühlen, möchte ich hier dringend anmerken:

Jeder Vergleich ist unzulässig, jeder Stolz ist unzulässig, jede Traurigkeit ist unzulässig, denn jeder Mensch steht an einem anderen Punkt des Weges. Manche Seelen sind schon länger unterwegs, manche noch nicht so lang, für die Seele ist dies von gleicher Gültigkeit, und der Punkt, an dem ihre gewählte Persönlichkeit steht, ist genau der richtige. Nur das ICH, die Persönlichkeit, vergleicht, hadert oder verbreitet Stolz, indem es denkt, schon weiter (und daher besser) als andere oder eben noch nicht so weit zu sein. Für uns ist es nur wichtig, genau diesen Punkt der Seele, diesen augenblicklichen Punkt zu respektieren und anzunehmen, ist dies doch fast der erste Schritt, um über die Schwelle zu gelangen.

Leider wird die innere Richtschnur fast immer durch äussere Regeln überdeckt, durch diesen äusseren Saturn, der, wie wir alle wissen, zunächst durch Eltern und Erziehungspersonen, Lehrerinnen und die Gesellschaft an sich repräsentiert wird. Den wir häufig später internalisieren und zu unserem eigenen Saturn machen. Es ist wirklich nicht einfach, von der Hemmung über die Kompensation zur Meisterschaft in der Nutzung der Saturn-Energie zu gelangen, wie es die astrologische Lehrmeinung sagt. Denn zunächst muss dabei *unser eigener Saturn diesseits der Schwelle* erkannt werden. Wo und wann leben wir noch nach den Regeln und Vorgaben, die uns von aussen «beigebracht» wurden? Welche Regeln bietet uns unser *eigener* Saturn im Horoskop an (nicht der, mit dem wir sozialisiert wurden und der sehr häufig den Saturn der Eltern spiegelt)? Erst wenn wir das herausgefunden haben, können wir uns auf den Weg machen von der Hemmung zur Meisterschaft.

Nehmen wir als Beispiel eine Person, der bei einem Spannungsaspekt von Merkur und Saturn in Kindheit und Jugend immer wieder durch Geschwister, Eltern oder in der Schule beigebracht wurde, dass sie in Denken, Lernen und Kommunikation nicht so «funktioniere», wie es gewünscht (oder im Vergleich mit anderen «normal») war. So hat sich bei ihr wahrscheinlich ein Glaubenssatz festgesetzt, sie sei dümmer als die anderen, könne nicht so schnell denken und so gut lernen wie die anderen.

Doch dies waren die Vorgaben *von aussen,* mit der die Konstellation in ihrem Horoskop in Resonanz ging. Sie hat durch diese Resonanz die (vielleicht unreife) Saturn-Energie *der anderen* zu ihrer eigenen gemacht, sie verinnerlicht.

Bevor die Person jetzt den Weg von Hemmung über Kompensation in die Meisterschaft gehen kann, ist es unumgänglich, dass sie zuerst herausfinden und abwägen muss, ob die Vorstellungen der anderen mit ihren eigenen übereinstimmen. Ist es wirklich ihr Bestreben, schnell, viel und vielleicht an der Oberfläche zu denken und zu reden? Oder ist es ihr Anliegen, klar und gründlich eine Basis zu erarbeiten, um von dort aus verantwortungsvoll und vielleicht sogar beispielhaft zu kommunizieren? Geht es ihr vielleicht darum, der jeweiligen Wahrheit nahezukommen, anstatt Meinungen zu verkünden? Geht es ihr darum, sich langsam und solide etwas zu erarbeiten?

Um es anders auszudrücken: Es ist wirklich wichtig, herauszufinden, was die Seele mit dieser Konstellation lernen und über sie erfahren möchte. Herauszufinden, ob die eigene Interpretation von Merkur/Saturn wirklich wahr ist, ob sie stimmt. Ob diese Interpretation übernommen wurde, durch Vergleiche, die die Gesellschaft vorgenommen hatte.

Erst mit dieser Vorarbeit kann mit dem Weg in die Meisterschaft begonnen werden, nämlich abzuwägen, ob die äusseren Vorgaben und Regeln sich mit der inneren Richtschnur – also der Absicht unserer Seele – decken.

Eine Anmerkung noch: Sehr häufig bedeutet Saturn für die persönlichen Planeten eine Stütze und eine Vertiefung der jeweiligen Energien und nicht eine Hemmung. Das bedarf aber einer anderen als der üblichen Betrachtungsweise. Als Beispiel hierzu soll noch mal Merkur genannt werden:

Für Merkur in *Luft-Zeichen* bietet die Saturn-Energie die Möglichkeit, klarer und konsequenter zu denken und sicherer zu entscheiden.

Für Merkur in *Wasser-Zeichen* bietet sie die Möglichkeit, Struktur in die oft fantasievolle Bilderwelt zu bringen, nicht immer nur emotional zu entscheiden, sondern sich zu fragen: Ist das, was mir meine Emotionen anzeigen, wirklich wahr?

Für Merkur in *Feuer-Zeichen* bietet sie die Möglichkeit, zuerst zu Ende zu denken, Konsequenzen mit einzubeziehen und dann erst zu reden oder zu handeln. Sie bietet auch an, nachhaltiger zu denken.

Für Merkur in *Erd-Zeichen* bietet sie die Möglichkeit, sich immer wieder zu fragen: Ist das wirklich so, wie ich es sehe, oder hänge ich stur an vergangenen Erfahrungen und einmal eingeübtem Denken?

Genauso kann man versuchen, die anderen persönlichen Planeten im Aspekt zu Saturn anders zu betrachten. Ja, auch dann, wenn sie mit ihm einen Spannungsaspekt bilden. In so einem Fall ist sicherlich mehr Engagement nötig: Mit einer Opposition gelingt es im Laufe der Beschäftigung mit diesem Aspekt, in ein Sowohl-als-auch zu kommen. Auch ein Quadrat ist auflösbar, wenn zuerst versucht wird, mit den persönlichen Planeten in eine reife Form zu kommen. Zuerst sind da sicher die «Wunden der Vergangenheit bzw. Kindheit» genau zu untersuchen, wie weiter oben beschrieben.

Immer wieder konnte ich bei der Besprechung eines Schulkind-Horoskops erleben, dass die Eltern und damit auch das Kind mit der schwierigen Form eines Aspekts von Saturn zu einem persönlichen Planeten konfrontiert waren, weil *von der Umgebung* ein Defizit, ein Mangel festgestellt wurde. Etwa mit Merkur/Saturn wie geschildert: «zu langsam, zu schwer von Begriff»; mit Venus/Saturn: «zu scheu in Beziehungen, zu abwartend, teilt nicht gern, zu besitzergreifend» oder gar «isst nicht alles, was ihm vorgesetzt wird».

Wurde dann mit den Eltern besprochen, dass das Kind langsamer, aber gründlicher denkt, dass es mehr Zeit braucht, um zu antworten, dass es sehr sorgfältig schreiben möchte und von daher im Diktat nicht das Tempo halten kann und dass diese Sorgfalt kein Mangel ist, sondern ein Potenzial, das aber im Vergleich nicht erkannt wird, wurde das Kind besser verstanden. Vielfach besprachen die Eltern das Ganze dann mit der Lehrkraft oder Erzieherin, die dadurch das Kind besser einordnen konnten. Manchmal war auch ein Wechsel in eine andere Schule hilfreich, in der das Kind seine eigene Art besser leben konnte.

Ganz ähnlich beim Beispiel Venus/Saturn: Allein schon der Hinweis, dass das Kind Beziehungen lange prüft, weil es sie als dauerhaft ansieht, nahm den Eltern die Sorge um eine «Beziehungsstörung». Oder beim Essen: Dass das Kind eine Auswahl macht, um seinen ganz eigenen Geschmack zu finden, und dabei nicht alles annimmt, was ihm – in jeder Hinsicht, nicht nur an Speisen – vorgesetzt wird.

Mit Saturn zur Selbsterkenntnis

Um mit Saturn in eine innere Einkehr zu kommen und damit zu Erkenntnissen über uns selbst, unsere innere Richtschnur, bieten sich – natürlich – wieder Fragen an. Wenn Sie sich darauf einlassen wollen, dann ist mein Vorschlag, sich von diesen Fragen vielleicht über mehrere Stunden, vielleicht sogar über Tage begleiten zu lassen. Mit ihnen zu leben, damit vielleicht aus den vielen Angeboten unseres Verstandes oder unserer Gefühle eine Essenz der Seele zu Tage treten kann.

Wichtig 1

Hier ist zu beachten, dass es sich *nicht* um astrologische Fragen handelt, sie also *nicht* im Radixhoroskop zu finden sind. Ich weiss, es ist für viele schwierig, sich selbst ohne Horoskop zu denken, doch in diesem Fall ist es *notwendig, wirklich diszipliniert das Horoskop wegzulassen.*

Wichtig 2

Die Fragen bitte mit nur jeweils *höchstens* zwei Begriffen oder zwei *kurzen* Sätzen beantworten. «Mehr» ist hier kontraproduktiv und führt nur zur Verwässerung.

1. Welche innere ethische Regel leitet mich durch mein Leben, welcher inneren ethischen Richtschnur folge ich?
2. Was verbindet mich, tief in mir, mit meinem Herzen? Was treibt mich an?
3. Was bereitet mir tiefe Freude? Was ist ganz «Meines»?

Dabei überprüfen Sie bitte die aufsteigenden Ideen und Gefühle eine Zeitlang immer wieder mit der Frage: Ist das wahr, ist das wirklich so?

Das, was sich Ihnen in den Antworten erschliesst, wird, wenn Sie es als wahr und wirklich erkannt und erfühlt haben, vom spirituellen Saturn begleitet werden.

Mit Saturn jenseits der Schwelle erkennen wir auch viel besser unsere Glaubenssätze, können sie grossenteils auch aufgeben und treffen so auf unsere innere tiefe Wahrheit, jenseits von Glaubenssätzen und einengenden Vorstellungen.

> Saturn ist der Hüter der Schwelle.
> Er mahnt uns vor dem Überschreiten, er begleitet uns nach dem Überschreiten der Schwelle.

Das Überschreiten einer ganz besonderen Schwelle ist der Tod.

- Was darf sterben, wenn wir mit Saturn die Schwelle zu den spirituellen Planeten überschreiten?
- Was darf überleben, was nehmen wir mit?

Die Planeten Merkur, Venus und Mars finden ihre höhere Oktave in den geistigen Planeten Uranus, Neptun und Pluto. Ich bin der Meinung, dass es auch von Saturn eine «höhere Oktave» gibt, doch sie ist kein Planet, sondern eine Haltung, nämlich:

Das Bestreben und die Fähigkeit, andere Menschen in das eigene Wohlergehen mit einzubeziehen. Mitverantwortung dafür zu übernehmen, dass auch sie die Meisterschaft erreichen. Also zur Meisterin, zum Meister für andere zu werden.

PUH RUH

PUH RUH

Ich trage tief in mir eine weise Frau, meine Meisterin, nämlich meine Seele. Meine Seele ist meine innere Meisterin, sie weiss, sie ist die innere Beobachterin, sie ist PUH RUH; so, wie es im thailändischen Buddhismus heisst:

PUH RUH, «die, die weiss», «die Wissende».

Und diese Meisterin trägt eine tiefe innere Wahrheit über viele, viele Leben in sich, weit in die Vergangenheit hinein, die gleichzeitig Gegenwart ist, denn für die Seele gibt es keine Zeit. Sie ist Geist, sie ist immer. Und aus dieser anfangslosen Zeit hinüber in die endlose Zeit sind wir in dieses Leben gefallen, mit dem gesamten Wissen und der dadurch erworbenen Weisheit, die wir in uns tragen. Und in einem kleinen Stückchen in diesem Leben offenbart uns diese Weisheit eine Regel, eine tiefe Wahrheit für dieses Leben, die wir in uns tragen, die wir als Gewissheit in uns tragen und die sich immer wieder aufzeigt. Sie kommt aus unserem Inneren und möchte sich durch den Saturn *jenseits* der Schwelle ausdrücken.

Diktat aus der Geistigen Welt

Wie gelangen wir dorthin?

*... **nur** durch eine neue Sicht auf Saturn,*
nur durch eine neue Betrachtungsweise dessen, was ist.

Exkurs: Erste Einübung einer neuen Betrachtungsweise

Die allermeisten von uns kennen das berühmte Symbol von Yin und Yang (siehe oben), ist es doch beinahe allerorten, vor allem in der esoterischen Werbung, zu finden. Doch was bedeutet es in der Tiefe?

Ich zitiere aus dem Brockhaus-Lexikon:

Yin und Yang sind «[...] in der chinesischen Philosophie die polaren Grundprinzipien, aus deren Wechselspiel und Interaktion die Dinge und alles Geschehen des Universums entstehen und bestimmt sind».

Das Buch der Wandlungen «[...] eines der ältesten Literaturdenkmäler der ostasiatischen Kultur, zählt zu den fünf Klassikern des Konfuzianismus. Der Kerntext legt die Dynamik des Universums dar und beschreibt verschiedene Stadien seines Wandels».

Aus: BROCKHAUS ENZYKLOPÄDIE, Bibliographisches Institut & F. A. Brockhaus, Mannheim 2007, Eintrag «Das Buch der Wandlungen»

In der Tiefe geht es um ein Wechselspiel, um die wechselseitige Beeinflussung der Phänomene des gesamten Universums und da-

mit auch von uns Menschen, die wir zu den Phänomenen gehören. Daraus erwächst auch der Grundgedanke der buddhistischen Philosophie, dass alles einander bedingt und nichts eigenständig – also ohne eine vorhergehende Bedingung – entsteht. Dies wiederum ist auch der Grundgedanke von Ursache und Wirkung und damit von Karma im buddhistischen Sinn.

Weiter wird im Text angeführt, dass das gesamte Universum dynamisch ist und sich damit in einem stetigen Wandel befindet. Auch das wiederum ein Grundgedanke der buddhistischen Philosophie, salopp übersetzt: «Nichts bleibt, wie es ist, alles verändert sich immer».

Wenn wir mit dem Hüter der Schwelle die Grenze überschreiten wollen, die uns von den Energien der spirituellen Planeten trennt, dann brauchen wir zuerst eine neue Betrachtungsweise von Saturn und seiner Energie selbst, und dann von dem, was ist.

Am einfachsten ist das für den Anfang mit dem Symbol von Yin und Yang (siehe vorherige Seite):

Im schwarzen Feld findet sich ein weisser und im weissen Feld ein schwarzer Punkt.

Wenn wir nicht achtsam sind, sehen wir aber nur das schwarze bzw. das weisse Feld. Wir übersehen die kleinen «Samen», die im jeweils anderen enthalten sind.

So ist es auch im Allgemeinen mit unserer Betrachtungsweise des Alltäglichen: Wir sehen im «schwarzen Feld» nur das Dunkle, dass wir nicht haben wollen, also ablehnen. Im «weissen Feld» dagegen konzentrieren wir uns nur auf das Weiss, das uns also gefällt, woran wir haften und hoffen, dass es immer so bleibt.

Verändern wir nun unsere Betrachtungsweise und sehen genauer, achtsamer hin, dann finden wir im dunklen Feld, in der belastenden Situation den Licht-Blick, den weissen Punkt. Damit meine ich nicht den alten Poesiealbum-Spruch «Wenn du meinst, es geht nicht mehr, dann kommt von irgendwo ein Lichtlein her ...», sondern dass wir die belastende Situation als dynamisch und vor allen Dingen als wandelbar betrachten können, was uns in vielen Fällen doch in eine hoffnungsvollere Emotion bringt.

Diese neue Sichtweise führt in eine etwas neutralere Haltung dem Geschehen gegenüber und damit auch zur Einsicht, dass wir etwas verändern können – und wenn es nur unsere Betrachtungsweise ist, die uns aus der ablehnenden Haltung in eine Haltung der Zuwendung führt.

Zuwendung zu zweierlei Zweck: zum einen, dass wir die Situation anders, gründlicher betrachten, und zum anderen, dass wir uns uns selbst und unserer Geisteshaltung zuwenden, um sie zu beobachten und zu verändern.

Intensivieren wir unsere Betrachtungsweise dem weissen Feld, der angenehmen Situation gegenüber, dann finden wir den dunklen Punkt, der uns darauf hinweist, dass sich auch das Schöne – hoffentlich sehr langsam, aber sicher – verändern wird. Denn die wechselseitige Beeinflussung von angenehm und unangenehm, von belastend und belebend gehört zum Wechselspiel des Universums und damit unseres Lebens. Wenn wir uns intensiv damit beschäftigen, werden wir dem abrupten oder auch schleichenden Wechsel nicht ganz unvorbereitet gegenüberstehen. Ausserdem erwächst hier dann die Hoffnung, dass selbst wenn eine dunkle Phase kommen wird, sie von einer hellen abgelöst werden wird. Die Hoffnung, die in beidem liegt, ist die ständige Veränderung.

Was bedeutet eigentlich «eine neue Betrachtungsweise von Saturn»?

Aus der Erfahrung der unheilsamen Nutzung der Saturn-Energie durch uns selbst oder durch andere entsteht in uns ein Bild von Saturn, das landläufig als «der Übeltäter» beschrieben wird. Wenn wir unser Verhältnis zu Saturn verändern wollen, ist es also zuerst notwendig, zu versuchen, dieses Bild von ihm aufzugeben, um in eine neutrale Haltung ihm gegenüber zu kommen. Und zwar indem wir uns fragen: Ist es, ist er wirklich *nur* so oder kann ich meinen Blick auf ihn erweitern? Das wäre der erste Schritt, um aus der unheilsamen Nutzung seiner Energie und ihren Folgen in eine heilsame zu kommen, für uns und für andere.

Wollen wir unsere Sichtweise auf ihn und die Bereiche, auf die er wirkt, erweitern, dann heisst das in erster Linie, *etwas hinzuzunehmen, nicht etwas wegzulassen.*

Wir haben das Wissen und die vielfache Erfahrung, wie seine Energie in der unreifen Form von uns genutzt wurde und wird und auch von anderen, deren unheilsame Auswirkungen wir dann ertragen mussten. Es liegt aber ausschliesslich an uns allein, ob wir den – wie auch immer gearteten – Mangel, den wir durch Saturn scheinbar erfahren, aus der «Opferrolle» heraus betrachten und erleiden, oder ob wir es als liebevolle Aufforderung sehen können, uns intensiv mit ihm zu beschäftigen, um dann etwas, das fehlt, an dem es mangelt, hinzuzufügen.

Wir alle haben Erfahrungen im unreifen Umgang mit den Planetenenergien über viele Leben hinweg gesammelt, und häufig ist das Ergebnis das Gefühl, ein Opfer der Umstände zu sein. Opfer zu sein heisst meistens, irgendeinen Mangel zu spüren. Sei es ein Mangel an Eigenmächtigkeit, an Autonomie, an Wissen, Können, Selbstfürsorge – seien es all die anderen Mängel, die wir schwierigen Saturn-Konstellationen zuschreiben.

Es kommt der Zeitpunkt, an dem wir uns ernsthaft fragen, was zu tun wäre, um dieses Gefühl, irgendetwas an uns sei mangelhaft, irgendwo seien wir «ungenügend», hinter uns lassen zu können. Das ist dann der Zeitpunkt, an dem wir bereit sind, uns Saturn und seinen Konstellationen auf eine neue Weise zuzuwenden und uns anders als bisher mit ihnen zu beschäftigen.

Sich mit etwas beschäftigen heisst Zuwendung statt Ablehnung, bedeutet auch, etwas genau anzuschauen, zu beobachten, zu hinterfragen, neue Informationen darüber einholen, die alten zu überprüfen, also sicherer zu werden im Umgang mit ihm.

Dabei geht es einerseits darum, sich mehr Wissen über Saturn selbst zu erarbeiten, zuerst aber das eigene Wissen zu überprüfen: Ist es vielleicht zu einseitig, zu sehr aus Erfahrungen, aus unserem Mangel-Denken gespeist? Und dann muss auch fremdes Wissen (zum Beispiel Lehrmeinungen oder Erfahrungen anderer) genau betrachtet werden. Ist das wirklich *für mich noch wahr?* Hänge ich vielleicht an einer Gedankengewohnheit?

Andererseits ist es notwendig, sich tief in die von Saturn aspektierten Planeten hineinzufühlen, hineinzudenken, den Umgang mit ihnen bzw. ihren Energien zu beobachten und zu dem, was ist, das hinzuzunehmen, was fehlt. Denn wenn in dem Aspekt ein Mangel, etwas Fehlendes gespürt wird, dann fehlt einfach etwas. Bei jeder Blockade, Angst, Hemmung, bei jedem Gedanken etwas nicht zu können, etwas nicht zu haben, etwas nicht zu sein – alles sind Mängel – fehlt etwas. Wenn wir unsere Mängel ein bisschen hinterfragen, dann fehlt uns sehr häufig das Wissen darum, was notwendig ist, den Mangel zu beheben, es fehlen der Mut, ein Entschluss und die Grosszügigkeit im Umgang mit ihm und uns selbst. Es fehlt uns aber vor allem die Einsicht, dass wir den Mangel permanent füttern, wann immer wir im Mangel denken. Wir nähren ihn mit jedem «Ich kann nicht, ich darf nicht, ich habe nicht, ich bin nicht», mit der Angst, der Hemmung und mit dem ewigen «Ich muss».

Ich möchte dazu einen Satz aus dem buddhistischen Gedankengut zum Nachdenken empfehlen:

«Was nicht genährt wird, stirbt.»

Aber wie lässt sich ein Mangel beheben? Es geht dabei nicht darum, das Fehlende «wegzutrainieren» oder es durch ständige Eigenkritik zu nähren, sondern vielmehr darum, sehr genau zu beobachten, was fehlt und was deshalb hinzugefügt werden müsste. Anders gesagt: Was braucht dieses «von Saturn beeinflusste» Zeichen, Haus oder der Planet von uns, damit die innewohnende Stärke zum Ausdruck kommen kann? Zum Beispiel die Kraft vom Gegenzeichen oder vom gegenüberliegenden Haus. Denn erst wenn eine Achse im Sowohl-als-auch gelebt wird, wird ein Planet, ein Zeichen oder auch ein Haus «rund», ganz. Steht Saturn in Haus 7 und werden seine Energie und von daher auch dieser Lebensbereich in einer unreifen Form gelebt, wird dort also ein «Mangel» empfunden, dann kann die Kraft von Haus 1 *hinzugenommen* werden, um zum Beispiel nicht in eine Überverantwortung in Beziehungen zu geraten. Dasselbe gilt für die Zeichen.

Ich bitte darum, einmal darüber nachzudenken, wie viel Kraft fliessen kann, wenn wir die Haus- und Zeichenachsen im Sowohl-als-auch leben. Dann füttern wir nämlich nicht den Mangel, sondern die Ideen, wie die Fülle und damit die Ganzheit erreicht werden kann.

Sehen wir aber den Mangel in Saturn selbst, weil wir ihn als Auslöser, als Verursacher betrachten (anstatt uns selbst), dann geht es darum, unsere Sichtweise auf ihn zu verändern und ihn nicht mehr als den Verhinderer zu brandmarken, sondern seine Energie als Stütze und Begleitung anzunehmen und zu nutzen. Dann sind wir bereit, über die Schwelle zu denken und das Geistige in seiner Energie wahrzunehmen.

(→ Siehe dazu auch «Zu Punkt 4 – In Fehlern, im Mangel das Potenzial erkennen» auf S. 166.)

Die «sieben Wegweiser» zur neuen Sichtweise

Dem neuen Pfad folgen
Eine innere Begleitung wählen
Einem neuen Motto folgen
Glaubenssätze ändern
Mangel-Denken ändern
Schattenseiten im Sowohl-als-auch sehen
Saturns Begleitung im Umgang mit den drei geistigen Planeten annehmen

Der erste Wegweiser: Neue Schritte auf neuem Pfad

Auf diesem Pfad dürfen wir hinausdenken, hinausfühlen und hinausgehen über den irdischen Saturn des Horoskops, der uns scheinbar bremst oder mit dem wir deuten «So bin ich, mehr geht nicht, das kann ich nicht». Mit den Fragen «Ist das wirklich so?, Ist das wahr?» werden wir aufgefordert, nachzudenken und nachzuspüren, ob unsere Betrachtungsweise noch stimmig ist. Ob es nicht vielleicht an der Zeit ist, sie zu verändern. Eine Veränderung unserer Beziehung zu Saturn gelingt nur über die Betrachtungsweise, denn nicht die Saturn-Energie ändert sich, sondern nur unser Umgang mit ihr.

Saturns Energie schliesst Erde und Himmel ein, sie erdet uns, damit wir uns zum Himmel hin öffnen können. Er, der letzte der irdischen und der erste der spirituellen Planeten. Vertrauen wir ihm und seiner Energie und lassen wir uns wohlwollend begleiten. Die Voraussetzung dazu ist, unser inneres «Furcht- und Feindbild» von ihm aufzugeben, die Vorstellung, dass er ein Gegner ist, und zwar mit seiner eigenen Fragestellung: «Ist das wirklich wahr?». Um dann den neuen Pfad der Veränderung zu beschreiten.

Exkurs: Über Veränderung 2

Um etwas verändern zu können – und es geht um Veränderung, nicht um Verbesserung –, ist es sehr oft notwendig, dass wir uns die Erlaubnis geben, anders zu werden, anders zu denken, anders zu fühlen und anders zu handeln. Ich betone deshalb das Wort anders, weil es in dem Begriff «Veränderung» steckt. Besser bedeutet, wie ich schon oft beschrieben habe, dass etwas nicht gut genug war. In dem Wort «anders» oder in dem Begriff «Veränderung» steckt keine Wertung. Wir müssen uns also nicht erst bewerten, bevor wir etwas verbessern, nein, wir können gleich das nehmen, was wir sind, haben, denken oder fühlen, und uns erlauben, es zu verändern.

Das nächste, was wir für eine Veränderung brauchen, ist ein Entschluss. Es reicht nicht, den Willen zur Veränderung zu haben, wir müssen uns entschliessen. Mit der Sonne im Horoskop wollen wir etwas tun, mit dem Mars im Horoskop entschliessen wir uns dazu. Wenn die Sonne will und der Mars nicht den Entschluss fasst, es zu tun, bleibt alles beim Alten.

Dazu fällt mir ein Gedicht von Goethe ein, das mir mein Biologielehrer einst ins Poesiealbum schrieb und an das ich mich immer wieder zwischendurch erinnere:

> *Was heute nicht geschieht, ist morgen nicht getan,*
> *Und keinen Tag soll man verpassen,*
> *Das Mögliche soll der Entschluss*
> *Beherzt sogleich beim Schopfe fassen,*
> *Er will es dann nicht fahren lassen,*
> *Und wirket weiter, weil er muss.*

FAUST – «Der Tragödie erster Teil»,
von Johann Wolfgang von Goethe

Der zweite Wegweiser: Eine innere Begleitung wählen

Saturns innere Begleitung anzunehmen gelingt uns, wenn wir das «Furcht- und Feindbild Saturn» aufgeben, wenn wir uns erlauben, ihn als PUH RUH, als innere Führerin, als spirituellen Begleiter zu wählen. Als «die, die weiss – der, der weiss» *in uns.*

Es gilt sich dieser tieferen Wahrheit der *spirituellen saturnischen Energie* zuzuwenden, die jede, jeder von uns in sich trägt. Sie steht uns allen *auch ohne Horoskop* zur Verfügung, ohne sie könnten wir wohl nicht überleben:

> Die spirituelle saturnische Energie in uns hält das notwendige Mass, sie weist uns auf unsere Grenzen hin, aber auch auf ganz persönliche Möglichkeiten zur Überschreitung dieser Grenzen.
>
> Sie führt uns zu unserer inneren Wahrheit, unseren *inneren* Regeln, zur *inneren* Richtschnur, die niemand von aussen bestimmt hat.
>
> Sie, diese spirituelle Saturn-Energie, ist in uns, in unserer Seele verankert.

Denn die Frage, die sich auftut, ist doch, woher die Blockaden, Ängste, Hemmungen beim irdischen Saturn kommen. Weil es uns die Astrologie so gelehrt hat? Also aus einem Mangel-Denken oder einem bestehenden Mangel?

Vielleicht – und da würde ich bitten hinzudenken – kommen diese Ängste gar nicht aus einem Mangel, sondern daraus, dass sich die von aussen vorgegebenen Massstäbe nicht mit den inneren Regeln und Massstäben problemlos vereinbaren lassen? Dass unsere innere Richtschnur, unsere innere Ethik eine andere ist? Saturn in diese Richtung anders zu denken – das ist der Wunsch unserer Seele.

Doch wie gelingt uns das?

Um mit Thich Nhat Hanh, dem grossen buddhistischen Mönch, zu sprechen: Wir müssen in unseren Gedankengewohnheiten ein anderes Programm wählen. Thich Nhat Hanh wunderte sich einmal, dass wir in unserem Kopf immer und immer dasselbe Geistes- und Gedankenprogramm wählen, *und dann daran leiden.* Es sei, als hätten wir im Fernsehen einen Horrorfilm gewählt, den wir immer und immer wieder anschauen, obwohl er uns gar nicht gut tut, und trotzdem schalten wir nicht auf ein anderes Programm um, denn wir haben vergessen, dass wir umschalten könnten, mehr noch, dass wir die Fernbedienung sogar in der Hand halten.

So sehen, hören und erzählen auch viele von uns sich selbst und anderen das immer gleiche Programm «Saturn, der Gefährliche», ohne umzuschalten oder das Programm zu hinterfragen: Ist das wirklich so? Ist das wahr? Tut mir das gut?

Exkurs: Der gesunde Geist

Wenn der Geist die Basis für Körper, Psyche und Seele ist, dann ist er es, der alles durchdringt, und ist er es, der Einfluss auf alles hat. Schon im alten Rom gab es den Spruch «Mens sana in corpore sano», ein gesunder Geist in einem gesunden Körper. Heutzutage wird es meistens so gesehen, dass es einen gesunden Körper braucht, um einen gesunden Geist zu haben. Also Fitness, Sport, Joggen, damit der Körper gesund bleibt respektive optimiert wird und ein gesunder Geist dort zu Hause sein kann. Doch wenn der Geist den Körper durchdringt – und davon bin ich zutiefst überzeugt, denn nicht nur aus dem buddhistischen Gedankengut heraus ist alles Gegenständliche materialisierter Geist * *–, dann muss der Geist gesund sein, damit es auch dem Körper gut geht. Weitergedacht: Wir definieren uns doch wohl zum grössten Teil über den Körper, der mit den Emotionen in absoluter Wechselwirkung steht. Geht es uns körperlich schlecht, sind wir krank, dann leiden die meisten von uns auch emotional, genauso wie im umgekehrten Fall emotionales Leiden körperliche Folgen hervorrufen kann.*

Emotionen aber entstehen, vereinfacht gesagt, durch das Gefühls-Paar «angenehm–unangenehm», und dieses wiederum hat seinen Ursprung in dem jeweiligen Geisteszustand oder der jeweiligen Geisteshaltung, in der wir etwas betrachten. Wollen wir also, dass es uns als Gesamtheit von Körper, Psyche, Geist und Seele gut geht, dann müssen wir versuchen, unseren Geist – und damit vor allem unsere Gedanken – zu zähmen. Wir müssen also sehen, dass unser Geist gesund ist, dass unsere Gedanken, unser Denken gesund sind, heilsam sind zum Wohle von uns selbst und anderen Lebewesen.

* Jean E. Charon, ein französischer Nuklearphysiker und Philosoph, hat zum Beispiel 1979 in seinem Buch DER GEIST DER MATERIE (Zsolnay Verlag, Wien und Hamburg) versucht, Physik und Metaphysik zu vereinen; ein Thema, das ihn wohl eine lange Strecke seines Lebens beschäftigt hat.

Wenn Thich Nhat Hanh nun meint, dass wir in unserem Kopf ein anderes Programm wählen können, dann liefern die buddhistische Philosophie und die buddhistische Psychologie gleichsam eine Bedienungsanleitung für die Fernbedienung. Sie sprechen von den unheilsamen Geisteszuständen oder Geisteshaltungen, den «drei Geistesgiften», und wie man sie neutralisieren, vielleicht sogar in heilsame Geisteszustände wandeln kann.

Die drei unheilsamen Geisteszustände sind Gier, Hass und Verblendung. In den westlichen und alltäglichen westlichen Sprachmodus übersetzt sind es: Anhaftung, Ablehnung und Unwissenheit

Ich zitiere einen kurzen Überblick, wie ich ihn in meinem Buch DIE KARMISCHEN ABSICHTEN DER SEELE gegeben habe:

***Gier**, mit ihren Ablegern:*
- *Begierde (Haben-wollen),*
- *Anhaftung (Behalten-wollen),*
- *Masslosigkeit (mehr wollen, es ist nie genug).*

Führt über in …

***Hass** mit seinen Ablegern:*
- *Abneigung,*
- *Ablehnung (etwas «nicht haben wollen»; etwas, das dem Haben-wollen im Weg steht).*

Und wird gespeist durch …

***Unwissenheit**, Illusion, mit ihren Ablegern:*
- *Bewertung ohne genaueres Wissen über die Sache, die Situation oder die Person;*
- *Abwertung ohne genaueres Wissen über die Sache, die Situation oder die Person;*
- *Verurteilung ohne genaueres Wissen über die Sache, die Situation oder die Person;*
- *Verachtung ohne genaueres Wissen über die Person.*

Dabei werden Bewertung, Abwertung, Verurteilung und Verachtung gespeist von der Gier des Haben-wollens und der Abneigung des Nicht-haben-wollens.

Aus: Christl Oelmann, DIE KARMISCHEN ABSICHTEN DER SEELE, Edition Astrodata, Wettswil/Schweiz 2021, S. 73 f.

Alle drei unheilsamen Geisteszustände finden sich in beinahe allen Menschen, mal mehr, mal weniger ausgeprägt.

So haften zum Beispiel viele an dem Bild des irdischen Saturns als «Übeltäter», der mitverantwortlich ist für die Schwierigkeiten im Leben. Damit lehnen sie ihn logischerweise ab, denn was uns Schwierigkeiten macht, wollen wir nicht haben. Um die Saturn-Energie aber in ihrer ganzen Bandbreite sehen und nutzen zu können, müssen wir mehr darüber wissen, wir dürfen nicht in der relativen Unwissenheit verharren und ihr, wie meistens, nur eine «schwierige Seite» zuordnen. Es ist wichtig, dass wir unser Wissen über diese Energie erweitern, und das ist nur möglich, wenn wir Anhaftung und Ablehnung neutralisieren oder wandeln.

- Dem unheilsamen Geisteszustand, der unheilsamen Geisteshaltung «Anhaftung» steht die heilsame Haltung «Grosszügigkeit» gegenüber.
- Der unheilsamen Geisteshaltung «Ablehnung» steht die heilsame Haltung «Zuwendung» gegenüber.
- Der unheilsamen Geisteshaltung «Unwissenheit» steht die heilsame Haltung «Kennenlernen, Wissenserweiterung» gegenüber.

Es geht also darum, die unheilsamen Geisteshaltungen gegenüber Saturn zu verändern. Es geht darum, sich den heilsamen Geisteshaltungen anzunähern, sie auszuprobieren, sie in das Denken hineinzulassen und dadurch die Gedankengewohnheiten und die daraus entstehenden emotionalen Gewohnheiten zu verändern.

Um uns der Grosszügigkeit anzunähern, sind die Fragen, die Saturn uns selbst stellt, hilfreich: Ist das wirklich so? Ist das wirklich wahr? Oder, wenn ich ihn personifiziere: Bin ich wirklich so, wie du mich siehst? Ist das immer noch wahr, was du über mich denkst?

Vielleicht gelangen wir dadurch in eine neutrale Haltung, die uns ermöglicht, einen neuen Gedanken auszuprobieren, nämlich den: Es kann auch anders sein.

Um die Ablehnung zu neutralisieren gilt es, uns der Saturn-Energie intensiv zuzuwenden.

Durch die Zuwendung wird auch gleichzeitig die dritte der heilsamen Geisteshaltungen aktiviert, nämlich die Wissenserweiterung: etwas Neues kennenlernen, unser Wissen über Saturn und seine Energie vertiefen, erweitern und dadurch in eine reifere Anwendung dieser Energie gelangen.

Die Bereitschaft also, mit Saturn über die Schwelle zu gehen, ihn als spirituelle, innere Begleitung kennenzulernen, Vertrauen in ihn zu entwickeln, ist die Grundlage für eine Veränderung im Denken über ihn und im Umgang mit seiner Energie. Die sehr saturnische Eigenschaft, näher hinzuschauen, tiefer zu forschen, um die Wahrheit zu erfahren, ist dabei wahrhaft hilfreich. Dazu sollte das eigene Denken, die eigene Meinung immer wieder überdacht werden mit den ganz einfachen, eigentlich alltäglichen Fragen: *Ist das wirklich wahr? Kann es nicht auch anders sein?*

Der dritte Wegweiser: Ein neues Motto wird gewählt

Es gibt im täglichen Leben eine wesentliche Veränderung, durch die es uns gelingt, ein neues Denken ins Heilsame zu entwickeln, nämlich:

Du darfst anstatt *Du musst.*

«Ich muss noch schnell … dies oder jenes tun, erledigen» – diesen Gedanken, diesen Satz kennen die meisten von uns. Auch Gedanken mit «Ich muss, ich müsste, ich soll, ich sollte eigentlich, ich darf nicht …» sind altbekannt.

Der irdische Saturn *diesseits der Schwelle* fragt: Ist das wahr? Ist das wirklich so? – Der Saturn *jenseits der Schwelle* bietet an: Probier' doch mal. Du darfst.

Ich weiss, der Gedanke «Du darfst, du musst nicht» ist starker Tobak, ist etwas, das der Verstand eigentlich sofort ablehnt. Wenn es jeden Tag aufs Neue ein Muss ist, in die ungeliebte Arbeit zu gehen, dann fühlt sich ein «Du darfst» beinahe zynisch an. Doch bitte ich darum, bei den folgenden Gedanken und dem Übungsvorschlag die Achtsamkeit primär auf das Gefühl zu richten, auch wenn der Verstand sagt, das sei doch alles Unsinn.

Um es dem Verstand dabei etwas leichter zu machen, kann der Satz auch gewandelt werden, selbst wenn er dadurch etwas von seiner «Durchschlagskraft» einbüssen sollte:

Du musst nicht – mach es freiwillig.

Exkurs: Zum Anfängergeist

Im Buddhismus gibt es den wunderbaren Begriff «Anfängergeist». Einen Menschen, einen Gegenstand, eine Situation mit dem Anfängergeist betrachten, so, als würde man das, was vor einem liegt, das erste Mal sehen. Als leichte Einübung dazu können wir Dinge verwenden, die uns täglich begegnen. Wenn wir einen Apfel halbieren, eine Nuss öffnen, ein Ei aufschlagen, dann sehen wir etwas zum ersten Mal, etwas, das noch keine Person vor uns gesehen hat. Wir können es wirklich mit dem Anfängergeist betrachten, denn wir sehen es erstmals, und wenn wir achtsam sind, bemerken wir, dass das, was wir sehen, jedes Mal anders, also neu ist.

Eine schon etwas kompliziertere Übung ist, einen Fluss, einen Bach zu betrachten, wissend, dass es der gleiche ist wie gestern und doch nicht derselbe.

Die schwierigste Übung hier ist, das, was wir meinen sehr gut zu kennen, weil es immer dasselbe ist («Und täglich grüsst das Murmeltier»), mit dem Anfängergeist zu betrachten. Setzen wir uns doch einmal an den Frühstückstisch, gehen morgens zum Bus, kommen zur Arbeitsstelle und begegnen den Kollegen und Kolleginnen mit dem Anfängergeist. Was werden wir alles Neues entdecken! Wie werden wir uns neu entdecken, wenn wir uns mit dem Anfängergeist betrachten!

> Wir denken, wir kennen uns, die andere Person, die Situation.
>
> Doch immer betrachten wir etwas mit dem Blick aus der Vergangenheit oder mit den Vorstellungen der Zukunft.
>
> Nur mit dem Anfängergeist sehen wir, wie es jetzt ist.

Deshalb jetzt von mir der Vorschlag für ein wirklich kühnes Gedankenexperiment:

Betrachten wir doch einmal alles, was wir unter «Ich muss» einordnen, mit dem Anfängergeist «Ich darf» oder «Ich mach es freiwillig».

Und es fängt schon mit diesem Experiment an: nicht «Ich muss das jetzt üben», sondern «Ich darf das jetzt üben». Wenn wir achtsam sind, bemerken wir, dass die Geisteshaltung der Ablehnung («Ich muss» – wer will schon müssen?) sich verändert in die Geisteshaltung der Zuwendung («Ich darf» klingt ein wenig nach Einladung).

Das *Gefühl* von «Ich muss, es ist unangenehm, ich mag es eigentlich nicht» ändert sich in «Ich darf, ich tu es freiwillig, vielleicht ist es nicht ganz so unangenehm, ich schau es mir mal mit dem Anfängergeist an».

Die Veränderung mag zunächst kaum bemerkbar sein, doch wenn wir achtsam sind, spüren wir mit der Zeit immer deutlicher, dass sich das Gefühl «unangenehm» wandelt, bis hin zu etwas Neutralem, und damit auch unsere emotionale Reaktion beeinflusst. Das Interessante dabei ist: Je mehr wir die Ablehnung lassen und uns dem, was halt nun mal so ist, zuwenden, desto mehr Neues entdecken wir, an uns und am Übungsobjekt.

Es ist ein Vorschlag zu spielen, spielerisch in eine andere Gedankengewohnheit zu wechseln, spielerisch eine andere Geisteshaltung einzunehmen.

Die Energie von Saturn jenseits der Schwelle wird uns begleiten, standhaft im Üben zu bleiben, die Schwelle zu einer neuen Geisteshaltung zu überschreiten, die Grenzen unserer Gedankengewohnheiten, unserer üblichen Gedankenmuster zu sprengen. Noch einmal zur Erinnerung: Saturn führt uns an unsere Grenzen und begleitet uns, wenn wir diese überschreiten wollen.

Der vierte Wegweiser: Glaubenssätze werden geändert

Die innere Richtschnur, die inneren Regeln, von denen oben gesprochen wurde, sind etwas völlig anderes als ein Glaubenssatz. Glaubenssätze entstehen immer im realen Leben, aus Erfahrungen und Prägungen. Das gilt für Glaubenssätze aus diesem Leben ebenso wie für Glaubenssätze, die wir aus anderen Inkarnationen mitbringen. Auch diese wurden damals in einem realen Leben vom jeweiligen Menschen gebildet.

Glaubenssätze leben wir ungeprüft, wir gehen davon aus, dass sie richtig sind.

Da, wo Saturn *im Radixhoroskop* steht, bilden wir sehr schnell einen Glaubenssatz, ein Vorurteil, wie zum Beispiel: «So habe ich es gelernt, das sagt die Astrologie». Dem folgt dann ein persönlicher Glaubenssatz, wie etwa: «Das kann ich nicht, das macht mir Angst, das blockiert mich», bis hin zu: «Ich habe mir jetzt meinen Saturn zum Freund gemacht, ich kenne jetzt meinen Saturn». – Aber ist das wirklich so? Habe ich ihn mir wirklich zum Freund gemacht? Glaube ich an diesen Glaubenssatz, weil «man irgendwann mit seinem Saturn zurechtkommen soll»?

Denn einen Glaubenssatz zu ändern, ist wahrhaftig kein einfaches Unterfangen, doch es ist – zumindest meiner Erfahrung nach – notwendig, sich ernsthaft mit Glaubenssätzen zu beschäftigen. Wenn wir genau hinschauen, dann besteht sehr vieles in unserem Denken aus heilsamen oder unheilsamen Glaubenssätzen, die wir zu unserer eigenen Wahrheit erhoben haben, wohl meistens, weil unsere Erfahrungen eben diese Glaubenssätze bestätigt haben. Wir glauben zum Beispiel, dass unsere Vorgesetzte, weil sie immer so sparsam grüsst, uns nicht mag. Dies ist ein Glaubenssatz, den wir über eine andere Person gebildet haben, ohne zu wissen, ob er stimmt. Doch er prägt unsere Gedanken, Emotionen und unser Verhalten ihr gegenüber. Oder wir glauben, dass immer, wenn wir uns etwas vornehmen, etwas dazwischenkommt. Dies ist ein Glaubenssatz dem Leben gegenüber. Wir können auch glauben, dass wir immer sehr hilfsbereit sein müssen, damit uns die anderen mögen. Dies wäre ein Glaubenssatz uns selbst gegenüber.

Doch ist das alles wirklich wahr? Ist das alles wirklich so? Bestätigen unsere Erfahrungen die Glaubenssätze oder haben wir Glaubenssätze aus Erfahrungen gebildet?

Wenn wir, zum Beispiel mit Venus und Mond in Erd-Zeichen, schon als Kind eine Affinität zu Freundinnen hatten, die einen oder beide dieser Beziehungsplaneten in Feuer oder Luft lebten, dann haben wir unter Umständen die Erfahrung machen müssen, dass wir heute «beste Freundin» der anderen und morgen schon wieder vergessen sind. Mussten wir diese herbe Enttäuschung öfter erleben, hat sich in uns unter Umständen ein Glaubenssatz wie «Mit mir ist irgendwas nicht richtig» oder «Auf Freundschaften darf ich nicht vertrauen» gebildet. Dieselben Erfahrungen könnten wir auch mit Venus oder Mond im Spannungsaspekt zu Saturn gemacht haben. Auch könnte die Seele diese Erfahrungen aus einer anderen Inkarnation mitbringen, um mit ihnen in diesem Leben anders umgehen zu lernen. Es ist zunächst gleichgültig, woher der Glaubenssatz stammt, denn sehr häufig inkarniert die Seele in eine Umgebung, in der genau dieser mitgebrachte Glaubenssatz durch das Verhalten ebendieser gleichsam aktiviert wird, damit sie ihn dann bearbeiten kann.

Das Wichtigste ist, einen Glaubenssatz zu erkennen, was nicht ganz einfach ist, doch die Saturn-Energie kann dabei sehr hilfreich sein, denn es gilt die Fülle der Gefühle zu reduzieren, das Wesentliche herauszufiltern und in einem *kurzen* Satz auszudrücken, um damit dann weiterarbeiten zu können.

Die Saturn-Energie wird sehr häufig zur Bildung von Glaubenssätzen genutzt, da in ihrem «Angebot» ja auch die Begriffe Ordnung und Regeln zu finden sind. Werden diese Begriffe in einer unreifen Form gelebt, dann werden Ordnung und Regeln zu einem starren Korsett, in dem jede Veränderung eine Sorge um einen möglichen Kontrollverlust auslöst. In dieses Korsett gehoren auch starre Glaubenssätze, die nicht hinterfragt werden, weil bei der unreifen Nutzung der Saturn-Energie «das, was immer war, auch morgen noch so sein wird». Doch ist das wahr? Ist das wirklich so?

Obwohl es sowohl heilsame als auch unheilsame Glaubenssätze gibt, möchte ich – passend zu diesem astrologischen Kontext – empfehlen, mit der Bearbeitung der Glaubenssätze zu beginnen, die im Zusammenhang mit der irdischen Sichtweise von Saturn stehen. Saturn in Haus und Zeichen, mit seinen Aspekten und vor allem, wenn er in Konjunktion oder im Quadrat zum absteigenden Mondknoten steht (denn hier liegt immer eine karmische Aufgabe vor).

Wie schon erwähnt, sind die Glaubenssätze mit Saturn meistens mit belastenden Gedanken und Emotionen verbunden. Ausserdem müssen heilsame Glaubenssätze sicher nicht so dringend bearbeitet werden, jedoch sind auch sie *unbedingt* einer Prüfung zu unterziehen. Denn wenn jemand zum Beispiel dem Glaubenssatz «Ich bin einfach besser als die anderen» anhängt, dann kann sich das letztlich auch als unheilsam (nicht nur) für ihn erweisen.

(→ Siehe dazu auch «Anhang 7 – Glaubenssätze ändern» auf S. 202.)

Der fünfte Wegweiser: Mangel-Denken wird verändert

Wie bekannt, werden wir durch Saturn zu uns selbst geführt und damit zu unserem Mangel-Denken und den Ängsten, nicht zu genügen, nicht genug zu sein oder nicht genug zu haben. Dabei darf nicht vergessen werden, dass jeder Mangel auf ein noch nicht erschlossenes Potenzial hinweist und dass besonders Saturn ein sicherer Begleiter auf dem Weg zu diesen «Seelen-Potenzialen» ist, zu den Wünschen und Aufforderungen unserer Seele. Das alles findet sich astrologisch vor allem im Karmischen Neumondhoroskop, worauf später genauer eingegangen wird.

Sehr viele Menschen huldigen der grossen Kunst des Denkens im Mangel. Je länger ich das beobachte, desto klarer wird mir, dass dies nicht nur einzelne Personen betrifft, sondern beinahe ein gesellschaftliches Phänomen ist. Um nur ein Beispiel zu nennen, das wir alle kennen:

Unsere kapitalistische Konsumgesellschaft mit linear eingebautem Wachstum von allem – Vermögen, Spass, Tempo, Wissen u. v. m. – dreht sich eigentlich in den meisten Fällen nur um das Ich und das allernächste Umfeld. «Optimiere dich und das, was dich umgibt» ist eine der ganz grossen äusseren Regeln, und falls es Kollateralschäden dabei geben sollte – dumm gelaufen.

Ja, ich weiss, das ist sehr plakativ und sehr negativ beleuchtet – doch:

Sind das wirklich unsere inneren Regeln, ist das wirklich unser innerer Kompass? Entsteht dabei in unserem Denken und Fühlen durch diese äusseren Vorgaben nicht allzu oft ein Mangel-Gefühl? Ich kann das nicht, weiss das nicht, bin nicht geeignet dafür, habe zu wenig Geld, zu wenig geleistet, bin nicht gut, nicht richtig? Sollten wir nicht stattdessen uns fragen, welche von den äusseren Regeln und Geboten zu uns passen? Welche inneren Regeln vielleicht nach aussen drängen?

Ich möchte kurz genauer auf den Punkt des Mangel-Denkens, der Mangel-Gefühle eingehen. So unterscheide ich mittlerweile zwischen Mangel-Denken, Mangel-Erleiden und Mangel-Fühlen:

Mangel-Denken ist für mich Angst. Angst im Sinne von nicht unmittelbar begründeter Angst. Eher die Angst *aus der Vorstellung* *heraus*, zu wenig zu haben, zu sein, zu können oder wie etwas ist oder sein könnte und was das dann mit mir machen würde.

Mangel-ERLEIDEN sind für mich begründete Ängste, existenzielle Ängste.

Mangel-FÜHLEN sind für mich Emotionen, die aus Mangel-Denken und/oder Mangelerleiden entstehen.

Mangel-DENKEN entsteht in den meisten Fällen aus einem Vergleich. Wir vergleichen das, was wir sind, haben oder tun mit anderen Menschen und erleben uns dabei als mangelhaft – mit einem Mangel behaftet. Doch ist das wirklich so? Die Saturn-Energie jenseits der Schwelle führt uns zur Wahrheit über uns, zur spirituellen Wahrheit des Sowohl-als-auch. Fort von der «dualen Wahrheit» des Entweder-oder. Von einem «Wenn ich nicht bin oder habe, was der andere ist oder hat, bin ich mangelhaft» zu einem «Es ist sowohl das gut, was der andere vermag, als auch mein eigenes Vermögen, mag es auch noch so unterschiedlich sein». Ist es ein Mangel, wenn ich nicht so geschäftstüchtig bin wie andere? Oder ist das in dieser Inkarnation bei mir kein Thema?

Häufig entsteht Mangel-Denken auch durch die Vorstellung oder den Wunsch, anders oder besser zu sein als man ist. «Ich würde so gerne in intellektuellen Kreisen kluge Gespräche führen, doch ich bin keine Frau, kein Mann des Wortes. Doch alles, was ich mit meinen Händen tue, führt zu einem guten Ergebnis. Nur mein Wunsch, zu den sogenannten Intellektuellen zu gehören, lässt mich Mangel fühlen, lässt mich denken, ich sei mangelhaft.»

Ist die Tatsache, dass jemand schlecht in Mathematik ist wirklich ein Mangel? Oder wird Mathematik für dieses Leben gar nicht benötigt?

Erleide ich aber einen tatsächlichen Mangel, dann gibt die Saturn-Energie die Stabilität und das Durchhaltevermögen, den augenblicklichen Zustand sowohl zu akzeptieren und durchzustehen als auch anzupacken, um die Notlage zu verändern. (Der reife Umgang mit der Saturn-Energie akzeptiert, was nicht zu ändern ist, weil er sich an Fakten orientiert.)

Mangel-FÜHLEN ist, wie oben schon erwähnt, eine Folge von Mangel-Denken oder dem Erleiden eines Mangels. Ein Mangel-Gefühl ist daher eine Aufforderung, zu überprüfen, ob *wirklich* ein Mangel vorhanden ist oder ob zum Beispiel durch Vergleichen *im Denken* ein Mangel entsteht und welche Geisteshaltung dadurch hervorgerufen wird. Denn aus einer unheilsamen Geisteshaltung heraus entsteht häufig ein Gefühl des Mangels.

Anhaftung: Dass ich etwas Bestimmtes haben, können, sein muss.

Ablehnung: Weil es nicht so ist, wie ich es mir vorstelle.

Unwissenheit: Weil ich mir meine Gedanken und Vorstellungen über den anderen mache und ich nicht weiss, wie er wirklich ist.

Um eine Unterscheidung zwischen diesen drei Mangelzuständen treffen zu können, muss zunächst gefragt werden, ob die Sorgen, die Ängste und die daraus entstehenden Gefühle begründet sind oder nicht? DENKE ich nur, dass ich einen Mangel habe und FÜHLE mich aufgrund dieser Gedanken im Mangel, oder ERLEIDE ich einen Mangel?

Um Mangel-Denken oder Mangel-Gefühle aufgeben zu können, müssen wir uns jedes Mal wieder fragen: *Ist die Angst wirklich begründet?* – und dann entscheiden:

Ist das, was ich als Mangel ansehe, wirklich wahr? *Ist* es ein Mangel? Ist es zum Beispiel wirklich ein Mangel, wenn ich etwas nicht gut oder nicht perfekt kann, oder brauche ich es in diesem Leben gar nicht zu können? Ist es wirklich ein Mangel, wenn ich dies oder jenes nicht besitze, oder brauche ich es im Grunde gar nicht? Ist es wirklich ein Mangel, wenn ich in Mathe über die Prozentrechnung nicht hinausgekommen bin, oder brauche ich gar nicht mehr Mathematik?

Saturn diesseits wie jenseits der Schwelle steht für das richtige Mass. Seine Energie lässt uns die Wahl, ob wir etwas für genügend oder ungenügend ansehen. *Wir* entscheiden. *Nicht* der Saturn im Horoskop.

Im folgenden Kasten habe ich einige *Fragen zum Mangel-Denken* aufgelistet, die hilfreich zur Selbsterkenntnis sein können.

> Welcher «meiner Mängel» fällt mir als Erstes ein?
>
> Ist es wirklich ein Mangel? Oder braucht es meine Seele in dieser Inkarnation nicht zu können, muss sie es nicht haben, muss sie nicht so sein?
>
> Muss der «Mangel» wirklich behoben werden, das heisst, stört er mich oder andere wirklich?
>
> Welches noch nicht erschlossene Potenzial kann aus dem «Mangel» erwachsen?
>
> Wie kann ich ins Potenzial hineinarbeiten, was kann ich hinzunehmen, statt mich mit dem Mangel zu beschäftigen?
>
> Wovor habe ich dabei vielleicht Angst?
>
> Was am Potenzial macht mir tiefe Freude, wo stützt mich Saturn, wovor bewahrt er mich?

Wie weist ein Mangel auf ein Potenzial hin?

So wird Saturn in Krebs oft ein mangelnder Gefühlsreichtum, mangelndes Mitgefühl oder eine mangelnde Fähigkeit, sich gefühlsmässig einzulassen, nachgesagt. In der Kurzfassung heisst es dann: Angst vor den eigenen und den Gefühlen anderer, Angst sich einzulassen, Angst vor Nähe, Angst als schwach zu gelten, vielleicht auch Angst vor den eigenen Bedürfnissen.

Ich kenne nicht wenige Menschen, die gerade mit dieser Konstellation nicht nur im sozialen Bereich arbeiten, sondern dort an exponierter Stelle. Bei der Krisenintervention, bei Ärzte ohne Grenzen, bei multipel traumatisierten Frauen oder auch bei mehrfach behinderten Kindern. Die Berufe erfordern einerseits viel Mitgefühl, innere Stärke, die Fähigkeit sich ganz einzulassen und andererseits eine gesunde Abgrenzung dem Leid der anderen gegenüber, um selbst gesund und arbeitsfähig zu bleiben.

Gerade diese Fähigkeit zu Distanz dem Leid gegenüber (oft fälschlich als Mangel an Empathie angesehen) weist in hoch emotionalen Situationen auf die Stütze, die Stärke, das Durchhaltevermögen hin, welche die Energie von Saturn in Krebs verleiht.

So ist die Konstellation, die traditionell als Mangel, Hemmung, Blockade bezeichnet wird, vielleicht bei näherem Hinsehen, *beim Nachfragen, ob es wirklich wahr ist, was man darüber denkt,* ein Potenzial für sich selbst und andere.

Der sechste Wegweiser: Schattenseiten im neuen Licht

Nach C. G. Jung sind Schatten diejenigen Anteile oder Eigenschaften in uns, die uns nicht bewusst sind und die unserem Ich-Ideal widersprechen. Die mit unseren Vorstellungen von uns, wie wir zu sein haben oder wie wir gerne wären, nicht vereinbar sind und die wir deshalb ablehnen und dann – sehr häufig – an anderen Menschen bewerten, kritisieren oder gar verurteilen. Meist wurden diese Persönlichkeitsaspekte schon in der Kindheit verdrängt oder gar abgespalten, oder aber wir bringen sie aus anderen Inkarnationen mit in dieses Leben.

Genauso besteht die Möglichkeit, dass wir an anderen Menschen Eigenschaften oder auch ihre Art zu leben bewundern, wobei uns nicht bewusst ist, dass diese Anteile oder Eigenschaften auch in uns sind, aber ein Schattendasein führen.

Auf manche dieser Schattenseiten werden wir auch durch das Horoskop hingewiesen, zum Beispiel durch rückläufige persönliche Planeten, den absteigenden Mondknoten in Haus und Zeichen, durch Planeten am absteigenden Mondknoten, durch Planeten in Opposition oder auch durch Saturn und Pluto in Haus und Zeichen.

Wir alle zeigen uns gern von unserer lichten Seite und wollen oder können den Schatten nicht sehen, verdrängen ihn gar. Dadurch können – etwas überspitzt ausgedrückt – Feindbilder entstehen. So werden zum Beispiel Klimaaktivisten zu «Feinden», weil wir den Revoluzzer in uns oder auch unsere Lust an Machtdemonstrationen nicht sehen können (wollen). Auf ähnliche Art können auch «Feindbilder» im Horoskop entstehen, allen voran mit Saturn und Pluto oder auch durch schwierige Aspekte, unaspektierte Planeten oder Planeten am absteigenden Mondknoten, um nur einiges zu nennen.

Aber immer, wenn wir uns im Licht und andere im Schatten oder auch Planeten im Licht oder im Schatten sehen, werden wir darauf hingewiesen, dass wir damit im Entweder-oder leben. Schon die Bezeichnung «Schattenseite» weist auf ihr Gegenteil, nämlich die Lichtseite hin. Doch Licht und Schatten sowie Tag und Nacht oder Gut und Böse bedingen einander. Ohne Licht gäbe es keinen Schatten, ohne Schatten könnten wir das Licht nicht erkennen. Nur Licht und Schatten, Tag und Nacht, ja auch Gut und Böse sind zusammen ein Ganzes. Und auch wir werden nur ganz, werden nur heil, bekommen unser Leben nur rund, wenn wir unsere Licht- und Schattenseiten nicht im Entweder-oder betrachten, sondern im Sowohl-als-auch.

Damit ist nicht gemeint, dass die entdeckte Schattenseite oder der entdeckte Schattenseiten-Planet in der unreifen, unheilsamen Form gelebt werden soll oder gar muss. Es wäre nur für unsere Persönlichkeitsreifung von grossem Nutzen, sich mit der Schattenseite zu beschäftigen, *sie bewusst werden zu lassen* und als eigenen Anteil nicht mehr bei anderen Menschen zu suchen und zu finden, sondern sie dem Selbstbild hinzuzufügen.

(→ Siehe auch «Anhang 5 – An den Schattenseiten arbeiten», auf S. 194.)

Der siebte Wegweiser: Mit Saturn zu den drei geistigen Planeten

Saturn als Türsteher führt uns über die Schwelle hin in den geistigen Bereich von Uranus, Neptun und Pluto. Seine Energie ist der Schlüssel zu den drei geistigen Planeten, sie lehrt uns, das richtige Mass zu finden, was im Umgang mit ihnen besonders wichtig ist, und sie gibt uns Sicherheit, unseren Umgang mit Uranus, Neptun und Pluto richtig einschätzen zu können. Denn, wie schon gesagt, die Saturn-Energie zeigt uns die Wahrheit über uns selbst. Wenn unsere Persönlichkeit so weit gereift ist – und damit auch die Nutzung der Energien unserer persönlichen Planeten –, dass wir bei einem Aspekt mit Saturn ihn nicht mehr als Behinderung, sondern als wohlwollende Begleitung sehen – also eine neue Betrachtungsweise eingenommen haben –, dann wissen wir *mit unseren inneren Regeln,* wann der unheilsame Umgang mit der Energie der drei Geistigen beginnt. Denn, noch einmal: Hier ist die Verführung durch die Aussicht auf Machtgewinn besonders gross.

Als Beispiel für eine neue Betrachtungsweise von Saturn und damit eine Annäherung an unsere eigenen inneren Regeln möchte ich noch einmal den Spannungsaspekt zwischen Mond und Saturn anführen, der diesseits der Schwelle in der astrologischen Deutung üblicherweise als Hemmung angesehen wird. Als Hemmung, eigene Bedürfnisse kennenzulernen bzw. zu leben, oder – eine andere Deutung – als eine emotional karge Kindheit oder als eine strenge oder vielleicht auch über die Massen reglementierende Mutter. Eine weitere Möglichkeit kann auch eine stark zurückgenommene, herbe Weiblichkeit sein oder eine Person, die in ihren Gefühlen eher distanziert und kühl ist.

Das mag alles richtig und plausibel sein. Geht die Person aber über die Schwelle, ändert also ihre Einstellung zu Saturn und seinen Aspekten, ändert sich auch die Betrachtungsweise:

Es beginnt mit den Fragen:

- Welchen Zweck mag meine Seele mit diesem Aspekt verbunden haben?
- Zu welchem Verhalten oder zu welcher Verhaltensänderung werde ich dadurch aufgefordert?

Und führt weiter zu den nächsten:

- Ist das wirklich *noch* richtig, wie ich mich, Saturn oder den Aspekt betrachte?
- Kann ich das Mangel-Gefühl, das Mangel-Denken lassen?
- *Muss* ich die Saturn-Energie immer noch so nutzen wie bisher oder *darf* ich anders mit ihr umgehen?

Und das führt langfristig dazu, dass die Person bereit ist, die Saturn-Energie als Unterstützung und Durchhaltekraft zu sehen und zu nutzen und damit *zu einer eigenen inneren Haltung zu gelangen.* Vielleicht mit Fragen wie: «Ist es wirklich ein Mangel, eine ‹herbe› Weiblichkeit zu haben? Ist es wirklich ein Mangel, im Gefühlsausdruck zurückhaltend zu sein? Oder ist es *meine* Art durchs Leben zu gehen? Ist es nicht eigentlich ein Potenzial, die eigenen Gefühle und die der anderen ernst zu nehmen, zu ihnen zu stehen?»

Dann ist die Persönlichkeit meines Erachtens nach auch reif genug, der Saturn-Energie jenseits der Schwelle zu folgen. Dann kann sie, gemäss ihrer inneren Richtschnur, gemäss ihrer eigenen inneren Ethik, ermessen, wie stark ihr Wunsch, ihr Sehnen nach der Macht der Energien von Uranus, Neptun und Pluto ist. Wie sehr sie der

Verführbarkeit dieser Energien noch ausgeliefert ist. Wie sehr sie die mässigende Energie von Saturn dabei nutzen kann. Mit einer weiteren seiner typischen Fragen: «Ist das richtig, was du tust, ist das heilsam, wie du – in diesem Fall – die Energien der drei Geistigen nutzen möchtest?».

Die Antwort auf diese Fragen, die eigene Einschätzung ihrer Persönlichkeit, wird durch Saturn jenseits der Schwelle geprüft, und zwar durch die Frage: «Ist das wirklich wahr oder täusche ich mich in mir?».

Als Beispiel für eine neue Betrachtungsweise von Saturn/Pluto hat mir *Melitta* erlaubt, ihr Horoskop für dieses Buch zu verwenden. Sie selbst sagt von sich, dass sie eine «Wut- und Ohnmachtsproblematik» hätte.

Beispielhoroskop Melitta

Melitta sorgte schon in früher Jugend für ihre Herkunftsfamilie. Zuerst stützte sie ihre alleinerziehende Mutter, indem sie auf die zwei kleineren Geschwister aufpasste, etwas später, indem sie nach der Schule für den Haushalt sorgte, um die arbeitende Mutter zu entlasten. Als junge Erwachsene dann, indem sie ihren gesamten Lohn in den Haushalt einfliessen liess. Sie fühlte sich extrem ohnmächtig, verstrickt in die schwierigen Familienverhältnisse und «irgendwie abhängig davon, dass es dieser auch gut ging». Sie war, wie sie selber sagt, eigentlich die wichtigste Person innerhalb dieser Familie.

Jetzt sorgt sie wieder für eine ganze Familie, dieses Mal ist es aber ihre eigene. Sie hat drei Kinder, ihr Mann ist, ihrer Meinung nach, aufgrund seines unsteten Wesens nicht in der Lage, sich finanziell am Lebensunterhalt der Familie zu beteiligen. Sie erzieht die Kinder, arbeitet den ganzen Tag, hat noch Nebenjobs und steht kurz vor dem Burnout. Auch hier, sagt sie nicht ganz ohne Stolz, ist sie die wichtigste Person in der Familie.

In mehreren Gesprächen kristallisiert sich heraus, dass sie, um der schon wieder als ohnmächtig empfundenen Situation zu entkommen, auf der einen Seite am liebsten sofort etwas grundlegend verändern würde, zum Beispiel indem sie sich von ihrem Mann trennt. Auf der anderen Seite kann sie das aber nicht, würde es doch sowohl einen Kontroll- als auch einen Sicherheitsverlust für sie bedeuten.

«… Das bisschen Kontrolle, das ich in dieser ohnmächtigen Abhängigkeit noch habe, weil ich diejenige bin, die alles schafft», kommentiert sie.

Sie gibt das offen zu, und auch, wie sehr sie sich in diesem Konflikt hin- und hergerissen fühlt, denn sie müsste auch ihre Rolle als wichtigste Person in der Familie aufgeben, und «dann würden das Ohnmachtsgefühl und die unterdrückte Wut noch grösser».

Wenn wir in ihr Horoskop schauen *(siehe Fig. 4)*, finden wir dort mehrere Auffälligkeiten:

1. Absteigender Mondknoten in Konjunktion mit Saturn und im Quadrat jeweils mit Mond und Venus/Pluto.

2. Venus/Pluto an der Spitze einer Drachenfigur mit Merkur und Neptun im Sextil sowie Mond in Opposition dazu, der wiederum ein Trigon zu Merkur und zu Neptun bildet, welche selbst durch ein Trigon verbunden sind.

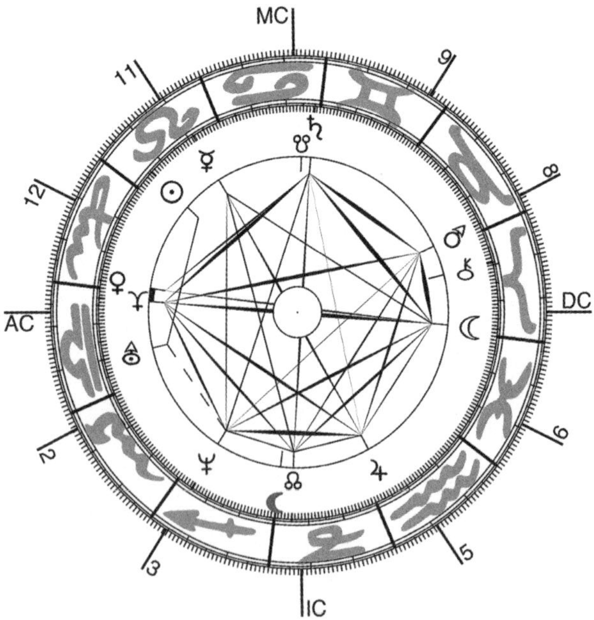

Fig. 4: **Melitta** – Radix *(Placidus)*

3. Eine zweite Drachenfigur finden wir mit Jupiter an der Spitze mit Sextilen zu Neptun und Mond sowie der Opposition zum Merkur, welcher wiederum Trigone zu Neptun und Mond bildet, die selber im Trigon verbunden sind.

Wohl nicht so ganz einfach, was sich die Seele von Melitta in diesem Leben vorgenommen hat.

Karmisch betrachtet, können wir hier mit den Planeten in Verbindung mit dem absteigenden Mondknoten eine Absicht der Seele vermuten, in diesem Leben *etwas zu lernen, etwas anders zu machen* als in früheren Inkarnationen. In den beiden Drachenfiguren und den beteiligten Planeten wiederum liegt jedoch wohl die Absicht der Seele, schon vorhandene, häufig eingeübte Qualitäten in diesem Leben *zu vervollkommnen und anderen Menschen zur Verfügung zu stellen.*

Wenden wir uns zunächst den Lernaufgaben zu:

Mond und Venus in Verbindung mit dem absteigenden Mondknoten bringen sehr häufig eine Geschichte aus *früheren Leben* mit, nämlich nicht versorgt, geliebt und begehrt gewesen zu sein. In den meisten Fällen wird das diese Konstellation begleitende Gefühl «Ich bin nicht liebenswert, ich bin es nicht wert geliebt zu werden» *in diesem Leben* durch Erfahrungen in der Kindheit und Jugend bestätigt. In Melittas Leben dadurch, dass ihre Mutter ihr nicht die notwendige Geborgenheit und Zuwendung geben konnte und sich in Melitta dadurch ein neuer Glaubenssatz bildete, nämlich «Ich muss ganz viel tun, um geliebt zu werden».

Eine Themenwiederholung findet sich noch durch Saturn und Pluto mit dem absteigenden Mondknoten: Mangel, Härte, emotionale Kargheit und das Gefühl von Abhängigkeit und Ohnmacht.

Als ich in unseren Gesprächen Melitta diese «Seelen-Geschichte» nahebringe, ist sie «von etwas in sich tief angerührt», wie sie sagt, und sich absolut sicher, dass sie mehrere solcher Inkarnationen gelebt hatte, und zwar immer so, dass sie für andere sorgen musste und sich selbst dabei vergass. (Weil diese Gedanken an frühere Leben und das stimmige Gefühl dazu sie so sehr berührten, unterzog sich Melitta später mehrerer Rückführungen, um mehr über sich zu erfahren, und bekam dadurch eine Bestätigung unserer Vermutungen.)

In diesem Leben jetzt sieht sie sich in der absoluten Verpflichtung und Verantwortung, Mutter für alle zu sein, sowohl für die Herkunftsfamilie als auch für ihre eigene (Mond Quadrat Saturn, Venus Quadrat Saturn). Gleichzeitig verspürte sie schon in der frühen Jugend diesen dringenden Wunsch in sich, Autorität zu sein und Macht zu haben, im Sinne von etwas machen zu können, um sich der Familie gegenüber nicht immer ohnmächtig zu fühlen (Saturn/Pluto am absteigenden Mondknoten). Der innere Groll dem Leben gegenüber nährte auch den starken Wunsch, das, was sie selber will, endlich auch durchsetzen zu können (Mond in Widder Opposition Pluto).

Sonne und Merkur in Löwe möchten, wie Melitta meint, bedeutsam, wichtig sein, gesehen werden. Für andere der Mittelpunkt sein und dafür sorgen, dass es auch der Umgebung gut geht. – Aber doch bitte nicht auf diese Weise!

Mit der Konjunktion von Venus/Pluto im Quadrat zu Saturn zeigt sich auch das starke Bedürfnis nach Sicherheit und Zuverlässigkeit in Beziehungen, was, wenn die Energien in einer unheilsamen Form gelebt werden, ein nicht minder starkes Kontrollbedürfnis innerhalb von Beziehungen auslöst. So sah Melitta, im unreifen Umgang mit den Energien, *unbewusst* ihren Mann und ihre jugendlichen Kinder als hilfsbedürftig an und verzögerte auf diese Weise deren Erwachsenwerden. Von ihrem Mann sprach sie als ihrem «vierten Kind». In den späteren Rückführungssitzungen konnte sie dieses Verhaltensmuster auch in früheren Leben finden.

Auch hier spiegelt sich der Konflikt zwischen «Lieb sein müssen, um geliebt zu werden», und einem Kontroll- und Machtbedürfnis (um sich nicht mehr ohnmächtig zu fühlen), was Melitta, wie auch ihren Groll, eigentlich ablehnt.

Da Melitta nicht nur eine starke, spirituelle Frau, sondern auch Astrologin ist, hat sie sich entschlossen, die mit den Themen des absteigenden Mondknotens und der beteiligten Planeten verbundenen Gedanken-, Gefühls- und Verhaltensgewohnheiten durch Veränderung der Geisteshaltungen und Veränderung der Betrachtungsweise «anzugehen». Ihr Plan ist, sich zuerst mit Saturn zu beschäftigen und ihn nicht mehr als den «aus einem anderen Leben mitgebrachten Verursacher allen Übels» zu sehen. Nicht mehr wie bisher damit zu leben, dass er dem freiheitsbedürftigen Widder-Mond keine Chance gibt, und nicht mehr damit zu leben, dass er Pluto weiter in seiner

Ohnmacht hält und mit seinem Quadrat zu Venus jede Beziehung von vornherein schwierig macht. Sie will aus der dadurch entstandenen Ablehnung von Saturn in die Zuwendung zu ihm gehen und – wie sie sagt – dann einfach mal auszuprobieren, wie es ist, sich immer wieder zu fragen: «Ist das, was ich im Augenblick denke, wirklich wahr? Bin ich mit meinen Gedanken und Gefühlen wirklich in der augenblicklichen Situation, oder bin ich schon wieder in der Vergangenheit?». Ihr Ziel dabei ist, ihre eigenen inneren Regeln zu finden im Zusammenhang mit Venus/Pluto und Mond in Widder, die mit Saturn im Aspekt stehen.

Meiner Meinung nach geht es jetzt darum, einen neutralen (und später einen heilsamen) Umgang mit den Energien der Venus/Pluto-Konjunktion zu finden, und zwar, wie ich annehme, durch Hilfe der Saturn-Energie jenseits der Schwelle. Nämlich nicht immer weiter Saturn in seiner irdischen Rolle als «Saturn Quadrat Venus/Pluto» zu zementieren, sondern – wie Melitta ja plant – nach und nach eine neue Betrachtungsweise einzunehmen und seine Energie als wohlwollende Begleitung und Unterstützung anzunehmen, wenn sie ihr Kontroll- und Sicherheitsstreben innerhalb von Beziehungen vorsichtig lockert. Vielleicht sind ihr auf diesem Weg die «sieben Wegweiser» ein bisserl hilfreich.

Erst wenn Melitta ihr Mondknoten-Thema weitgehend bearbeitet hat und die beteiligten Planetenenergien in einer reiferen Form nutzen kann, wird sie so weit sein, das Potenzial der an den Drachenfiguren beteiligten Planeten für sich selbst und andere nutzen zu können. Vor allem auch deshalb, weil ja sowohl der Mond als auch Pluto mit von der Partie sind.

Exkurs: Über Konflikte

Im Gegensatz zum klassischen Dilemma, das immer eine schwierige Entscheidung zwischen zwei gleichwertigen Übeln anzeigt, kann die Lösung eines Konflikts für beide Parteien durchaus zufriedenstellend sein.

Ein Konflikt im Aussen zeigt immer ein Aufeinandertreffen entgegengesetzter Vorstellungen, Interessen oder Meinungen an, während ein Konflikt im Inneren einen Widerstreit von entgegengesetzten Motivationen oder auch inneren Anteilen aufzeigt. Doch wichtig: Ein Konflikt ist lösbar.

Häufig wird in der Astrologie von den Planeten auch als «innere Personen» oder «innere Anteile» gesprochen. Wird dieses Bild benutzt, dann gibt es zwei typische Konfliktsituationen im Horoskop, nämlich die Opposition und das Quadrat. Wobei ich die Opposition als den einfacher zu lösenden Konflikt bezeichnen würde, denn die widersprüchlichen Tendenzen der daran beteiligten Planeten sind dann lösbar, wenn statt des Entweder-oder ein Sowohl-als-auch erreicht wird. Beide Planeten «brauchen einander», um ein Ganzes zu werden, ebenso wie die gegenüberstehenden Elemente einander bedingen.

Anders ist es beim Konflikt durch ein Quadrat, denn die Handlungstendenzen, die Motivationen der beteiligten Planeten – der inneren Anteile von uns – sind kontrovers. Dieser Konflikt kann erst gelöst werden, wenn die Vorstellungen und Ausdrucksweisen der beteiligten Anteile bekannt sind.

So ist es bei einem Quadrat unabdingbar, zunächst determinative Betrachtungsweisen wie «Der Planet in diesem Zeichen ist so, und deshalb bin ich so» aufzugeben und zu beobachten, wie ich diesen Planeten – diesen inneren Anteil von mir – im täglichen Leben nutze (oder auch nicht). Oder wie ich mich im täglichen Leben der Energie dieses Planeten ausgeliefert fühle, eben weil ich noch in einer unheilsamen Art mit ihr umgehe, heisst auf sie reagiere, anstatt mit ihr zu agieren. Es ist ratsam, für eine längere Zeit die beteiligten Planeten jeweils einzeln in die innere Beobachtung zu nehmen, ihre jeweilige Energie kennenzulernen und die meist negative Betrachtungsweise («Ist ja schliesslich ein Quadrat») zunächst in eine neutrale, später vielleicht in eine reife Form zu bringen. Denn im Leben haben wir es ja nicht mit Planeten, sondern mit ihren Energien zu tun, auf die unsere inneren Anteile reagieren. So geht es doch darum, die Wünsche dieses Anteils kennenzulernen, ihnen wohlwollend «zuzuhören» und zu entscheiden, wie weit wir ihnen Raum geben. Denn jeder dieser inneren Anteile in uns, der auf eine Planetenenergie reagiert, möchte von der Seele zum Ausdruck gebracht werden. Haben wir durch diese Innenschau die «Konfliktparteien» und ihre Anliegen gut kennengelernt, werden wir durch ihre gegensätzlichen Interessen nicht mehr in eine emotionale Reaktion ge-

drängt, sondern können mit ihren Energien umsichtig und heilsam agieren.

Wer hilft dabei?

Es ist die Energie von Saturn jenseits der Schwelle, die wir nutzen, um unseren eigenen inneren Regeln, unserer inneren Richtschnur, um PUH RUH zu folgen. Saturn diesseits der Schwelle symbolisiert unter anderem Recht und Unrecht, und die Beurteilung von beidem gehorcht äusseren Gesetzen. So kann auch bei Gericht immer nur Recht gesprochen werden. Gerechtigkeit aber gehorcht inneren Gesetzen, inneren Regeln, einer inneren Haltung, die wir mit der veränderten Betrachtungsweise der Saturn-Energie jenseits der Schwelle erlangen. Wir sind sozusagen «erwachsen» geworden, wir sehen, dass **wir** *es sind, die das Angebot der Planetenenergien gestalten, auch derjenigen, die am Quadrat und damit am Konflikt beteiligt sind.*

So geht es, meiner Meinung nach, bei einer Konfliktlösung den beiden Parteien meist zuerst um eine Klärung, wer Recht hat, wer Unrecht. Als gelöst kann der Konflikt allerdings erst dann angesehen werden, wenn sich die Beteiligten, wenigstens einigermassen, gerecht behandelt fühlen.

So ist es auch bei der Lösung eines Quadratkonflikts notwendig, die beteiligten Planeten – unsere inneren Anteile – aus dem Status «Ich bin im Recht, du im Unrecht» herauszuführen und beiden Gerechtigkeit zuteilwerden zu lassen.

Wie aber kann man einem Planeten Gerechtigkeit zuteilwerden lassen? Indem wir ihn aus der bisherigen Deutung im Horoskop herauslösen und beobachten, wie seine Energie sich im Alltäglichen zeigt, wie reif oder unreif wir mit ihr umgehen und wie ein neuer Blick mit dem Anfängergeist ein neues, «gerechteres» Urteil über uns und die Planetenenergie zulässt.

Der Umgang mit Saturn und den drei geistigen Planeten

Betreten wir jenseits der Schwelle das Reich der drei geistigen Planeten, dann treffen wir auf Energien, denen wir uns bisher eher ausgeliefert fühlten oder deren Wirkung wir eher von der unreifen Nutzung her kennen. Es sind machtvolle Energien, und für den heilsamen Umgang mit ihnen bedarf es einer reifen Persönlichkeit und einer Art «Reife»-Prüfung.

Der erste und wichtigste Teil dabei ist, dass wir uns bewusst werden, nicht Saturn, Uranus, Neptun und Pluto «machen etwas», sondern *ausschliesslich wir mit unserer Betrachtungsweise sind die Ursache,* wie ihre Energien auf uns wirken und wie wir mit ihnen umgehen.

Der zweite Teil besteht darin, es mit dem Wissen, dass wir die Energie von Saturn als innere Begleiterin – PUH RUH – in uns tragen, wagen, die drei Geistigen nicht mehr aus der Rolle der Reagierenden, sondern aus der Rolle der Agierenden zu betrachten. Denn die reife Nutzung von Saturns Energie – und das ist der dritte Teil – stützt uns darin, unseren inneren Regeln zu folgen, uns immer wieder zu fragen, ob das, was uns begegnet, wirklich so ist, wie wir es sehen. Ausserdem befähigt uns die reife Nutzung seiner Energie im Umgang mit Uranus, Neptun und Pluto, das richtige Mass zu halten und unsere Grenzen und die Grenzen der anderen zu respektieren.

Durch diese «Prüfungen» wären wir dann reif und bereit, uns mit uns selbst zu konfrontieren, die Wahrheit über uns zu erfahren und auch auszuhalten. Zum Beispiel die Wahrheit, wie verführbar wir durch unser Machtstreben sind, die Energien der drei geistigen Planeten in einer schädlichen Art für uns und andere zu nutzen.

Denn …

… die Energie von Uranus trägt die Macht der Erkenntnis;

… die Energie von Neptun trägt die Macht bedingungsloser Hingabe;

… die Energie von Pluto trägt die Macht des wirkungsvollen Handelns, nämlich etwas sterben und neu entstehen zu lassen.

Nutzen wir diese Energien, dann ist Saturn als Begleitung wesentlich, vor allen Dingen, wenn es sich um unsere Schattenthemen handelt, denn das tiefe Sehnen nach Macht, nach Bewirken von etwas, ist ein ziemlich verdrängtes und unbeliebtes Schattenthema vieler Menschen.

Die spirituelle Energie der drei geistigen Planeten

Uranus

Reiner Geist, reine Bewusstheit, reines Gewahrsein ohne Bewertung, nur zum Zweck des Erkennens.

Erkennen, wer wir sind, Erkennen des wahren Selbst, Erkennen der Einzigartigkeit eines jeden Menschen.

Erkennen der Freiheit, wenn der Geist kontrolliert wird und keine emotionale Reaktion mehr auslöst.

Hingabe an urteilsloses Erkennen, Erforschen und absoluter Wunsch nach Erkenntnis.

Untere Oktave = Merkur: alles bewerten, Gedanken, Verstand, Intellekt, Lernen, Ansammeln von Wissen; dadurch emotionale Reaktionen.

Neptun

Die bedingungslose Hingabe an eine Person oder an etwas.

Anfangslose und endlose Liebe.

Liebende Güte und Mitgefühl ALLEN WESEN gegenüber *(→ siehe dazu auch «Anhang 6 – Mitgefühl», auf S. 199).*

Die Begegnung mit der Energie der grenzenlosen Liebe des Universums.

Die Verbundenheit, tiefer noch das Eins-Sein, die Einheit mit *allem*. Aus *einem* Geist, aus einer Quelle. Das ALL-EINS-SEIN: Es bedeutet, dass wir auch die sind, die wir verachten, die wir für dumm halten, die uns Leid antun. Und wir sind auch diejenigen, von denen wir glauben, dass sie verändert werden müssen. Genauso, wie wir auch die sind, die wir lieben, die wir achten. Wir sind eins – aus *einem* Geist, anfangslos und nie endend. Wir sind *ein* (übergeordnetes) Bewusstsein.

Untere Oktave = Venus: das Begehren, die begehrende, irdische Liebe unter Bedingungen.

Pluto

Die Weisheit, dass sich alles ständig verändert, dass alles, was stirbt, neu entsteht.

Das intuitive Wissen, dass alles, was in der Zeit entsteht, sich in der Zeit verändert und vergehen wird.

Durch Weisheit und das Annehmen eines übergeordneten Willens – also Hingabe an die stete Veränderung und damit an die jetzigen, immer neuen Situationen – entsteht die Energie, die Macht und die Regenerationskraft des Augenblicks, der Gelassenheit und des Gleichmuts.

Untere Oktave = Mars: die Durchsetzung des persönlichen Willens.

Die Energie des geistigen Saturns in der reifen Form nutzen

Um die Saturn-Energie jenseits der Schwelle, also im Energiebereich der drei spirituellen Planeten, nutzen zu können, hilft ein kleiner Schritt in Gedanken, aber ein grosser Schritt für die Persönlichkeit:

> Ich muss nicht die Meisterschaft über Saturn erringen, sondern Saturn als den Meister anerkennen, der mich zu mir führt.

Und zwar im Sinne eines buddhistischen Meisters oder auch eines Sufi-Lehrers, der die Lernenden durch spiegelndes, provozierendes Verhalten oder ebensolche Gedanken so lange mit sich selbst und ihren Geisteshaltungen konfrontiert, bis diese die Wahrheit über die eigene Person erkennen und annehmen können.

Die Saturn-Energie im Sowohl-als-auch

Nicht das duale «Entweder-oder», sondern das spirituelle «Sowohl-als-auch» führt zu einer reifen Nutzung der Saturn-Energie. Um mit unserem Geist ins «Sowohl-als-auch» zu gelangen, ist es – wieder einmal – notwendig, ihm, dem Geist, «auf die Finger zu schauen». Was macht er denn schon wieder? In welchem Zustand befindet er sich schon wieder? Ist das wahr, was er denkt? Habe ich die richtige Sichtweise? Auch hier können wir uns ganz der Führung durch den geistigen Saturn anvertrauen. Wir können seine Energie als Hilfe,

Stütze, als Begleitung und als Erinnerung an unsere eigenen inneren Regeln annehmen.

Eine kurze, nicht vollständige Auflistung von Zuschreibungen der Saturn-Energie, wie sie in der psychologischen Astrologie zur Deutung angeboten werden, möchte ich hier als Beispiel verwenden (links) und zu diesen eine spirituelle Komponente, Betrachtung und dadurch auch Anwendung *hinzunehmen* (rechts):

Psychisch-astrologische Zuschreibung	**Seelisch-spirituelle Zuschreibung**
Verantwortung	Das karmische Potenzial nutzen
Pflichtgefühl	Freude; innere Befriedigung; Lust
Klarheit	Innere persönliche Wahrheit; Authentizität
Zuverlässigkeit	Vertrauen
Ordnung; Regeln; Gebote; Verbote von aussen	Innere Ordnung; innere Regeln; innere Richtschnur
Mangel	Erfüllung; Zufriedenheit; Potenzial
Hemmung; Blockade	Aufbruchsstimmung; Mut zur Freude, etwas Neues bei sich selbst zu entdecken, etwas Neues zu versuchen
Angst	Liebe; Zuwendung; Akzeptanz dessen, was ist
Schatten	Licht; das Erkennen des dahinter Verborgenen
Gesetze; Recht bekommen und Recht haben	Gerechtigkeit erfahren oder gerecht werten

Wie aus dem Vergleich unschwer zu entnehmen ist, geht es im spirituellen Bereich *nicht* darum, etwas zu lassen, loszulassen oder zu unterlassen, sondern – ganz im Gegenteil – etwas hinzuzunehmen, um ein Ganzes entstehen zu lassen.

So sind wir aufgerufen, nicht nur Verantwortung für unsere Gedanken und unser Tun zu übernehmen (wie bei der Nutzung der Saturn-Energie diesseits der Schwelle), sondern unser karmisches Vermögen, unser Potenzial wahrzunehmen und verantwortungsvoll in die Gesellschaft einzubringen. An dem Ort, an den uns das Leben im Augenblick gestellt hat, in der Situation, in der wir gerade unsere Erfahrungen sammeln, nicht nur unsere Pflichten zu erfüllen, sondern mit einer gewissen Freude und innerer Befriedigung daran zu arbeiten, dass sie für uns *und* die anderen Lebewesen heilsam sind.

Für mich persönlich ist das ein Schritt vom Beruf zur Berufung. Erfülle ich meinen Beruf in der Weise, dass er mir und anderen zum Nutzen gereicht, dann kann es – unabhängig von der Tätigkeit – zur Berufung werden. Ich konnte immer wieder mal im Supermarkt denselben jungen Mann beobachten, der mit einer grossen Hingabe beinahe liebevoll die Regale auffüllte. Ich sprach ihn daraufhin an, und er sagte mir mit deutlichem Akzent: «Ich freue mich, dass ich das tun kann, weil die leeren Bretter rufen mich, dass ich sie wieder auffülle.» Ist das nicht auch Be-Rufung?

Der geistige Saturn und der Umgang mit Schuld

Einer der gravierendsten Perspektivwechsel in Bezug auf die Saturn-Energie diesseits gegenüber jenseits der Schwelle ist wohl der Umgang mit Schuld, Schuldgefühlen und Schuldzuweisungen. Saturn diesseits der Schwelle wird als Symbol für Schuld und alles, was damit zusammenhängt, gesehen.

In einer unreif gelebten Form der Saturn-Energie fühlen wir uns schuldig für etwas: für ein Nichtkönnen, ein Versagen, unheilsame Gedanken, unheilsames Verhalten anderen oder uns selbst gegenüber. Teilweise wähnen wir uns verstrickt in familiäre Schuld und meinen nicht selten sogar, diese tragen zu müssen.

Die erste wichtige Voraussetzung für einen Perspektivwechsel ist also, über eigene Schuldgefühle nachzudenken, ob wir wirklich Schuld auf uns geladen haben, ob wir uns für etwas schuldig fühlen, das wir zwar *verursacht*, wodurch wir uns aber nicht *schuldig* gemacht haben, oder ob wir uns sogar für etwas schuldig fühlen, das gar nicht zu uns gehört.

Eine weitere, sehr weit verbreitete Form der unreifen Nutzung der Saturn-Energie ist die Schuldzuweisung.

Die erste mir bekannte Schuldzuweisung fand schon im Paradies statt, als Gott Adam zurechtwies, vom verbotenen Apfel gegessen zu haben, und Adam sofort auf Eva zeigte – *sie* hat ihn mir gegeben. (Nur zu dumm, dass Eva die Schuld nicht an die Schlange weitergegeben hat, denn seitdem «trägt sie die Schuld» an der Vertreibung aus dem Paradies). Diese von Adam «erfundene» Weise, die Schuld im Aussen zu suchen und nicht bei sich selbst, zeigt, dass schon zur Zeit der Bibelniederschrift die Schuld beim anderen gesucht wurde, und auch heute prägt Schuldzuweisung unsere Zeit extrem. Noch bevor die Verletzten eines Unglücks geborgen sind, ist der Ruf nach einem Schuldigen zu hören, noch bevor klare Fakten auf dem Tisch liegen, werden Vermutungen angestellt und Schuldzuweisungen ausgesprochen. Der Wunsch, einen Sündenbock zu finden, den man in die Wüste schicken kann, wie damals im alten Judentum, ist gross.

So ist die zweite wichtige Voraussetzung für eine gelingende Nutzung der Saturn-Energie jenseits der Schwelle, dass über Folgendes gründlich nachgedacht wird:

> Solange wir der Meinung sind, dass unser Problem im Aussen liegt, können wir uns nicht verändern.

Es mag sein, dass das Problem «von aussen» auf uns zukommt, doch dieses Aussen ist, wie es ist. Wenn wir das nicht akzeptieren können, liegt das Problem *in uns, nicht im Aussen.* Dies gilt vor allem in Beziehungen jeglicher Art. Allzu leicht suchen wir das Problem bei anderen.

Exkurs: Über Schuld bzw. Ursache und Wirkung

Wenn wir an einen Sündenbock denken, der im alten Judentum in die Wüste geschickt wurde, beladen mit den Sünden der Gemeinschaft, dann bekommen wir eine Ahnung davon, wie tief das Prinzip von Schuld und Sühne in der Menschheit verankert ist. Ich kann mir gut vorstellen, dass auch in anderen alten Kul-

turen ähnliche Rituale zu finden sind, denn Schuld kann man eigentlich zu den Urerfahrungen der Menschheit zählen. Das Christentum ist, meiner Meinung nach, von dem Konzept Schuld und Sühne nicht zuletzt deshalb so stark geprägt, um mit diesem Instrument die Macht der doch sehr männlich geprägten Kirchen zu erhalten und zu vertiefen.

Was ist eigentlich Schuld? – Es ist die Verletzung eines moralischen, religiösen oder auch rechtlichen Gebotes, wodurch häufig ein Schuldgefühl entsteht, gegenüber der Gemeinschaft, gegenüber dem Göttlichen oder gegenüber dem Gesetz. Schuldig im ethischen Sinn kann man sich fühlen, wenn das schlechte Gewissen sich meldet, wenn von zwei oder mehreren Alternativen diejenige gewählt wurde, die anderen (oder auch uns selbst) Schaden zugefügt hat. Ein Schuldgefühl, gleich welchen Ursprungs, ist eine sehr belastende Emotion, der niemand gerne ausgesetzt ist. Von daher ist es nachvollziehbar – wenn auch nicht zu billigen –, dass die Schuld gerne beim anderen gesucht wird.

Anders ist es im östlichen Denken:

Hier wird von Karma gesprochen, dem Prinzip von Ursache und Wirkung. Jeder Gedanke, jedes Gefühl oder jede Handlung in der Gegenwart ist eine Ursache, die eine Wirkung in der Zukunft hervorruft. Und umgekehrt: Jede Wirkung, die wir erleben, hat eine Ursache in der Vergangenheit, wobei sowohl die zukünftige Wirkung als auch die vergangene Ursache entweder in dieser oder auch in anderen Inkarnationen liegen können. Da jede erwachsene Person, die am gesellschaftlichen Leben teilhat, als verantwortlich für ihre Gedanken, Gefühle und den daraus folgenden Taten angesehen wird, kann es hier keinen Sündenbock und auch keine Schuldzuweisungen geben. Denn das, was einem widerfährt, gleichgültig ob angenehm oder unangenehm, ist immer die Wirkung einer selbst gesetzten «Ursache» und hat damit immer mit einem selbst zu tun.

Sowohl in der westlichen als auch in der östlichen Philosophie gibt es natürlich das innere Wissen, dass wir Menschen nicht leben können, ohne schuldig zu werden (westlich) oder ohne anderen Lebewesen Schaden zuzufügen (östlich), doch sowohl in den ethischen als auch in den juristischen Gesetzen beider Philo-

sophien wird danach gestrebt, möglichst wenig Schaden zu verursachen.

Der geistige Saturn als Herr der Zeit

Eine wichtige Nutzung der spirituellen Saturn-Energie jenseits der Schwelle ist der Umgang mit der Zeit. Wir teilen die Zeit ein in Vergangenheit, Gegenwart und Zukunft. Mit Saturn als «alter Ego» von Chronos betrachten wir diese Einteilung aus karmischer Sicht.

Saturn ist ein Symbol für karmische Ursachen aus der Vergangenheit, die in der Gegenwart ihre Wirkung zeigen und unter Nutzung seiner Energie für die Zukunft bearbeitet werden können.

Doch ist die Vergangenheit nicht mehr und die Zukunft noch nicht da. Es bleibt nur die Gegenwart. Diese Überlegung stellte schon Augustinus im 4. Jahrhundert an, als er schrieb, dass es nur die Gegenwart im Moment gebe, weiter eine «Gegenwart» in Bezug auf die Vergangenheit und eine «Gegenwart» in Bezug auf die Zukunft.

So ist die weibliche Energie von Saturn und ihr «Angebot», *sie im Sinne des Annehmens des Augenblicks zu nutzen,* eigentlich ein «Hüten der Zeit». Den Augenblick zu akzeptieren, zu begreifen, dass es so ist, wie es ist, gibt uns die notwendige Distanz und Neutralität, um die jeweilige Situation sowohl mit den Erfahrungen der Vergangenheit als auch mit den Plänen für die Veränderungen der Zukunft zu betrachten. *Ohne* aber dabei in alte Muster oder Sorgen um das Kommende zu verfallen. Lassen wir uns vom geistigen Saturn führen, dann befinden wir uns unter seiner Obhut. Er hütet die Gegenwart, denn nur in der Gegenwart können wir etwas bewirken, können wir etwas verwirklichen, etwas tun.

So bedeutet die reife Nutzung seiner Energie, in der Gegenwart, im Augenblick zu leben, das Leben auf sich zukommen zu lassen und geduldig auf den Moment zu warten, in dem sich etwas in die Verwirklichung drängt.

Der geistige Saturn in der Beratung

Ein weiteres Feld, um die Energie des geistigen Saturns jenseits der Schwelle zu nutzen, erschliesst sich für uns und die Klienten in der Beratung. Denn gerade im Gespräch ist es bereichernd, sowohl die unreife Nutzung der Saturn-Energie diesseits als auch die reife Nutzung jenseits der Schwelle anzusprechen und die Klienten an die neue Sichtweise heranzuführen.

In den Kommunikationsregeln von Paul Watzlawick wird von der sogenannten «komplementären» und der sogenannten «symmetrischen» Kommunikation gesprochen:

Komplementäre Kommunikation kann man sich als Bild wie eine Waage vorstellen, deren eine Schale oben steht und die andere unten. Es ist also *ein Gefälle* von oben nach unten vorhanden. Diese Art Kommunikation ist dann gegeben, wenn zum Beispiel eine der beiden Personen über mehr Wissen bezüglich des jeweiligen Gesprächsthemas verfügt als die andere. Etwa in den Verhältnissen Lehrer–Schüler, Ärztin–Patientin, Beraterin–Klientin oder auch, wenn eine Person sehr viel spricht und die andere zum Zuhören genötigt wird. In all diesen Fällen ist es so – nach Watzlawick –, dass sich die Person in der unteren Waagschale mit der Zeit immer unwohler fühlt.

Bei der symmetrischen Kommunikation indes liegen die Waagschalen *auf einer Ebene,* beide Personen sprechen ungefähr gleich viel und verfügen über ungefähr den gleichen Wissensstand. Sind diese Möglichkeiten nicht gegeben, wie zum Beispiel in einer Beratungssituation (komplementäre Kommunikation), dann ist es unbedingt notwendig, dass schnellstmöglich eine symmetrische Kommunikationsbasis hergestellt wird.

Nutzt die Beraterin nun die Energie von Saturn *diesseits* der Schwelle in einer unreifen Form, dann ist sie überzeugt von ihrer Autorität, dann strebt sie nach dem Ansehen, das durch ihr Wissen entsteht, dann hinterfragt sie ihr Wissen nicht, dann deutet sie, wie sie sich die Klienten – einfach aus dem Horoskopbild heraus – so vorstellt. Ist sie nun eine Beraterin von der eher optimistischen Fraktion, dann fallen alle Schattenseiten weg, ist sie eher von der pessimistischen Fraktion, dann wird alles schwieriger und etwas düsterer. Lange genug konnte ich das in den Beraterausbildungen immer wieder beobachten.

Die Nutzung der Saturn-Energie ist ein wesentlicher Faktor in der Persönlichkeit der Beraterin, denn ein unreifer Umgang mit ihr trägt immer die Gefahr des Wunsches nach «Autorität durch Wissen» in sich: Ich weiss, was für dich gut ist, ich weiss, wie du bist, ich habe dir was zu sagen – dieses Überlegenheitsgefühl führt sicher nicht in eine symmetrische Kommunikation.

Aber auch die saturnische Sorge, nicht gut genug, nicht perfekt genug zu sein, lockert die Beratungssituation nicht, sondern führt nur dazu, immer mehr zu deuten und immer mehr astrologisches Wissen den Klienten zu unterbreiten und dadurch sowohl diese als auch sich selbst zu verwirren.

Lässt sich die Beratende aber durch Saturn *jenseits* der Schwelle führen, dann wird sie von der Deutenden zur Fragenden und gibt damit den Klienten das Wort, denn nur sie sind die Experten für ihr Leben. Auf diese Weise gelingt es sehr schnell, eine symmetrische Kommunikationsform zu finden, in der sich beide wohlfühlen: die Klienten, weil sie gehört werden, die Beraterin, weil sie wichtige Informationen aus deren Leben bekommt, die ihre Horoskopinterpretation ergänzen und stützen.

Wesentlich ist aber vor allem eine erweiterte Deutung von Saturn selbst im Horoskop, denn ändern wir als Beratende unsere Betrachtungsweise von ihm als «Übeltäter» zu «Freund und Begleiter», dann ist es folgerichtig, dass wir versuchen, diese Sichtweise auch in der Beratung umzusetzen und den Klienten nahezubringen. Dabei können wir als Beratende jenseits der Schwelle die reife Nutzung seiner Energie in verschiedenen Formen anwenden, und zwar sowohl für uns selbst als auch für die Klienten.

Saturn als Wahrheitsfinder für uns selbst könnte hilfreich sein, indem wir uns fragen, welche Meinung wir von Saturn haben, sei es in der Radix, sei es als Transit. Wie denken wir über ihn? Mit der Sichtweise diesseits oder mit jener jenseits der Schwelle? Interpretieren wir seine Stellung im Horoskop der Klienten aus unseren eigenen Erfahrungen und erlernten Deutungen heraus, oder fragen wir uns, wie die Klienten diesen Saturn wohl leben? Meinen wir das Horoskop zu kennen, oder geben wir den Klienten eine Chance, indem wir ihnen die Möglichkeiten ihres Horoskops erklären und sie dann fragen, wo sie sich finden, wie sie damit umgehen?

Saturn kann auch als Wahrheitsfinder für die Klienten eine nicht unbedeutende Rolle übernehmen. Dabei geht es wirklich nicht darum, Saturn und die doch meist unreife Nutzung seiner Energien durch die Klienten oder deren Umgebung schönzureden, sondern –

und meiner Meinung nach ist das eine der grössten Herausforderungen – herauszufinden, ob die Klienten *aus den Erfahrungen der Vergangenheit sprechen und ob diese Erfahrungen jetzt, in der Gegenwart, immer noch gültig sind oder ob sie sich verändert haben.* Denn sehr häufig hängen wir Menschen immer noch an den Erfahrungen und Gefühlen der Vergangenheit, handeln sehr oft auch nach ihnen und merken dabei gar nicht, dass sich etwas verändert hat oder dass wir uns verändert haben. Die Saturn-Frage «Ist das wahr, ist das wirklich so?» muss in diesem Fall natürlich abgeändert werden in die Frage: «Ist das *immer noch* wahr, ist das wirklich *noch so?»*

Die ordnende, strukturierende, klärende Saturn-Energie können wir nutzen, indem wir uns fragen, ob wir von den Klienten im Vorgespräch einen eindeutigen Auftrag erfragt haben, zu den Themen, die sie in der Sitzung mit uns besprechen möchten, oder ob es nach dem Motto «Sag mir doch bitte mal was über mein Horoskop» geht und wir ins Blaue hinein interpretieren. Bei unklarer Themenvorgabe fehlt die Struktur, und dann gibt es am Ende keine Klärung.

Weiter können wir uns fragen, ob wir die Themen, die wir unbedingt ansprechen wollen, markiert bzw. notiert haben. Es ist wirklich extrem wichtig, mit der Saturn-Energie jenseits der Schwelle das richtige Mass an Informationen für den Klienten zu finden. Denn das, was wir im Horoskop sehen oder was wir hineininterpretieren, muss *keinesfalls alles* angesprochen werden. Ein Zuviel an Informationen wirkt verwirrend auf die Klienten (und auch auf uns) und ist überhaupt nicht hilfreich. Hier ist die reife Nutzung der Saturn-Energie, um das rechte Mass zu finden, eine Notwendigkeit, damit die Klienten mit einer Klärung ihrer mitgebrachten Themen und einer Strukturierung dessen, was sie vorhaben zu tun, nach Hause gehen können. Nur dann wird eine Beratung als nützlich wahrgenommen! So ist es empfehlenswert, die Punkte, die wir ansprechen möchten, aufzulisten, damit wir im Gespräch den Klienten geduldig zuhören und uns von dem, was sie sagen, führen lassen können, ohne immer darauf zu warten, dass wir unser astrologisches Wissen auch wirklich alles «unterbringen» können.

Saturn als den Verwirklicher können wir den Klienten anbieten, wenn wir ihn nicht mehr als Blockierer, Verhinderer interpretieren und die Planeten, die er aspektiert, nicht mehr als in irgendeiner Form mit einem Unvermögen oder Mangel behaftet sehen. Denn mit der Saturn-Energie kann die Umsetzung von etwas angestrebt und verwirklicht werden. Am besten mit den Fragen:

- Was will «ins Leben gerufen» werden?
- Wie kann die Energie des aspektierten Planeten gelebt werden, welche Vorstellungen können die Klienten dazu entwickeln? Was fällt uns als Vorschlag dazu ein?
- Wie kann das Zeichen, in dem der aspektierte Planet steht, im Alltäglichen umgesetzt werden?
- Wie fühlt sich der Planet im Haus, im Lebensbereich an? Wie kann seine Energie dort genutzt werden?

Mit einer neuen Sichtweise von Saturn geht es also bei der Interpretation nicht mehr darum, was er, Saturn, «wieder Übles angerichtet» hat oder wie ein Aspekt zu Saturn die reife Nutzung eines Planeten verhindert, *sondern wie dieser Planet gelebt werden kann, mit Saturn als Stütze, als Begleitung, als Hilfe.*

Es geht also vielmehr darum, sich vorsichtig mit dem aspektierten Planeten dem Ziel anzunähern, seine Energie in einer reiferen Form zu leben, Nahziele mit dieser Energie anzustreben, die erreichbar sind (Saturn als Masshalter), statt Fernziele zu erträumen, die noch weit in der Zukunft liegen. Den Frust, wenn das Ziel zu fern ist oder wir die Latte zu hoch legen, schieben wir nämlich in der unreifen Betrachtungsweise dem Saturn zu, der wieder mal verhindert, blockiert, beängstigt …

Nicht über das angestrebte Ziel hinauszuschiessen, es aber auch nicht beiseite zu legen, wenn es anstrengend werden sollte, «dranbleiben» ohne sich darin zu verbeissen, ist eine reife Nutzung der Saturn-Energie, die wir in der Beratungssituation durchaus den Klienten nahebringen können.

Es soll betont werden, dass es beim Gesagten nicht um das Aufsetzen einer rosaroten Brille oder ein Schönreden im Zusammenhang mit Saturn geht. Aber die Betonung, wie «schlimm» ein Geschehen mit Saturn in seiner Auswirkung werden könnte, ist wenig nützlich und hilft nicht, etwas zu verändern, sondern im Gegenteil: Es festigt eher das Bestehende.

Eine neue Betrachtungsweise von Saturn bewirkt eine reifere Nutzung seiner Energie und befähigt uns und die Klienten, ihn als Stütze, Begleitung und ermunternde (das eine oder andere Mal vielleicht auch leise mahnende) innere Stimme wahrzunehmen.

Grundvoraussetzung für diese Art der Beratung mit den tiefer führenden Fragen an die Klienten ist natürlich, dass wir als Beratende schon den für alle heilsamen Schritt gemacht haben: von Deutenden zu Fragenden. Ein behutsames, *auf die Klienten ausgerichtetes* astrologisches Beratungsgespräch nämlich besteht in erster Linie aus Fragen und nicht aus Feststellungen.

Ich möchte gerne kurz an einem Horoskop erläutern, was damit genau gemeint ist:

Beispielhoroskop Robert

In Roberts Horoskop *(siehe Fig. 5)* steht der Saturn an sehr prominenter Stelle direkt am MC in Fische in Konjunktion mit Chiron und im Quadrat zur Sonne.

Mit AC in Krebs, Merkur ebenfalls in Krebs im zwölften Haus und einem Neptun am absteigenden Mondknoten im fünften Haus ist es ziemlich verführerisch, rasch in die Deutung zu gehen, dass Robert ungern im Rampenlicht steht, nach aussen vorsichtig bis ängstlich auftritt und – eben mit Saturn Konjunktion Chiron am MC – wahrscheinlich auch mit Versagensängsten zu tun hat. Klingt logisch. Doch ist das wirklich so? Um nicht aus der Unwissenheit heraus zu deuten und dem anderen etwas überzustülpen, könnten wir vorsichtig fragen: «Kann es sein, dass Sie …?» Denn nur der Klient weiss, wie er die Konstellationen in seinem Horoskop lebt.

So kann sein, dass Robert antwortet: «Ja, das kenne ich gut.» Oder auch: «Ja, ich kenn das von früher.» Oder es kann auch sein, dass er sich in der Aussage nicht wiederfindet. Vielleicht hat er vergessen, verdrängt oder es gar nicht bewusst erlebt, wie es früher war. Vielleicht war er auch nicht ängstlich oder besorgt, sondern sehr einfühlsam. Vielleicht hat er seine eigenen Gefühle gar nicht wahrgenommen, sondern nur die der anderen.

Nur wenn wir fragen, erfahren wir das, was wirklich war. Was für *ihn* wirklich war – nicht, wie er dem Horoskop nach sein könnte/müsste.

Betrachten wir das Quadrat von Saturn zur Sonne. Üblicherweise wird dieses eher als Blockade oder als Ängstlichkeit, die Energie der Sonne in ihrer Gänze auszudrücken, gedeutet, was dem oben Gesagten entspricht. Auch hier ist es aber wichtig, zuerst zu fragen, auf welche Weise Robert sein Ich zum Ausdruck bringt, auf welche Weise er die Energie des Saturn-Quadrats erlebt hat und ob diese Erfahrungen *immer noch* wahr sind oder sich verändert haben.

Mit dem oben beschriebenen Gedanken, die Energie von Saturn in Bezug auf die Sonne als Energie der Verwirklichung zu nutzen, könnte jetzt die Sonne in Zwillinge in Konjunktion mit dem Mond und in Aspektübertragung mit dem Mars besprochen werden und natürlich auch der Lebensbereich des zwölften Hauses. Was soll mit dieser Kombination verwirklicht werden, was soll im Leben von Robert *wesent*lich werden, zu seinem Wesen, zur Sonne gehörend? Auf welche Weise könnte die Energie von Saturn (in Haus und Zeichen) über die Kombination Sonne/Mond/Mars genutzt werden? Welche

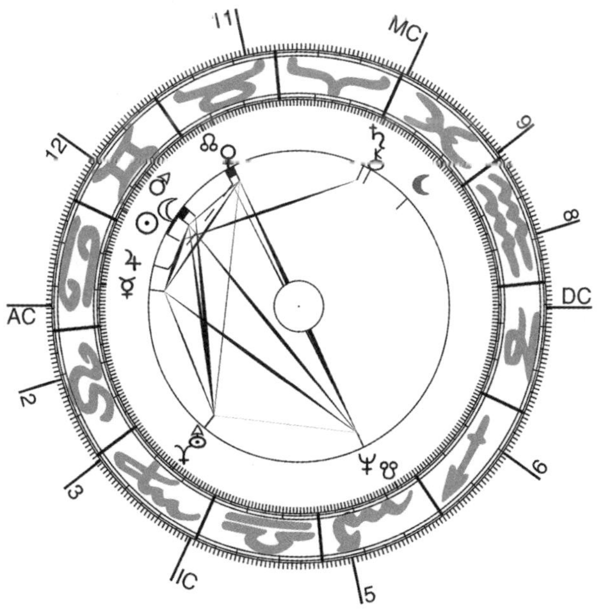

Fig. 5: **Robert** – Radix *(Placidus)*

eigenen inneren Regeln möchte Robert über seine Sonne ausdrücken?

Weiterführende Fragen für Robert entstehen, wenn die anderen Konstellationen des Horoskops mit eingebunden werden. Und aus der Kombination von Fragen und Vorschlägen der Beratenden und den Antworten, Ideen und Vorstellungen des Klienten entsteht ein symmetrisches Gespräch, in dem sich beide wohlfühlen. So kann die Saturn-Energie zur Verwirklichung eines Plans und auch als innere Kraft, die eigene Persönlichkeit zu entwickeln, in einer reifen Form genutzt werden.

Zusammenfassung

Über die Schwelle zum geistigen Saturn

Zuerst: Bin ich bereit, will ich es wirklich?

Um den Entschluss zu fassen, eine wichtige, bleibende Veränderung im Leben vorzunehmen, ist die Betrachtungsweise das Erste, was verändert werden *muss*. Besonders wenn etwas verändert werden soll, das in Gedanken und im Verhalten lange «eingeübt» worden ist, geschieht eine *nachhaltige* Wandlung zunächst *ausschliesslich* über einen veränderten Geist, das heisst über veränderte Vorstellungen, Meinungen, eine veränderte Sichtweise. Denn die Weise, wie wir etwas betrachten, ist vielfach die Motivation, etwas zu tun oder zu lassen. Erst wenn wir zum Beispiel das Rauchen nicht mehr als angenehm, entspannend und lustvoll, sondern als schädlich, gesundheitsgefährdend und Ausdruck echten Suchtverhaltens wahrnehmen, erst *dann* ist die Motivation gegeben, den Entschluss zu fassen, das Verhalten in dieser Hinsicht bleibend zu verändern.

So ist ***der erste Schritt***, um über die Schwelle zu gehen, eine Veränderung der Betrachtungsweise von Saturn und seiner Energie. Dazu gehört die intensive Beschäftigung mit Saturn im Radix-Horoskop, zweckmässigerweise mit den Fragen: «Ist es wahr, wie ich über ihn denke? Sind die Erfahrungen, die ich mit seiner Energie gemacht habe, immer noch wahr? Ist er immer noch der ‹Übeltäter›? Wie kann ich ihn, das Zeichen, das Haus, in dem er steht, und die Planeten, die er aspektiert, anders – *und zwar in der Gegenwart* – betrachten?

Und wie wirkt sich meine neue Betrachtungsweise dann, einige Wochen später, in meinem Alltag aus?»

Der zweite Schritt ist dann, mit der veränderten Betrachtungsweise Saturn als Symbol für PUH RUH anzuerkennen, als innere, seelische Führung, als die, die weiss. Als die innere Instanz im Horoskop, die uns der Wahrheit über uns selbst nahebringt.

Der dritte Schritt ist danach, die eigenen inneren Richtlinien, die eigenen inneren Regeln zu finden, mit denen die Energie von Saturn auf eine neue, eine reifere Weise genutzt werden kann. Orientierung dabei können sehr gut das Zeichen und das Haus sein, in dem Saturn steht.

Welche Werte verbinde ich mit dem Zeichen? Sind das die Werte, die ich durch Sozialisation übernommen habe, oder sind es meine eigenen? Jede Zeichenenergie hat eine eigene Ordnung und eigene Regeln. Nutze ich diese Energie nach meinen inneren Richtlinien oder nach den Regeln aus der Kindheit, der Gesellschaft oder in der Form, wie ich sie in der astrologischen Ausbildung gelernt habe? Betrachte ich zum Beispiel das Zeichen Fische immer noch als ausschliesslich liebevoll-zugewandt, eher schwach, ach so spirituell und unfähig, sich abzugrenzen? Oder sehe ich mittlerweile vielleicht, wie kraftvoll die Energie dieses Zeichens zu nutzen ist?

Es ist sehr gut möglich, dass wir Werte und Regeln aus der Vergangenheit jetzt, in der Gegenwart, noch einmal genau unter die Lupe nehmen müssen. Nicht nur, um unseren eigenen «inneren Saturn» zu finden und dadurch eine eigene innere Haltung, die sich natürlich im Aussen niederschlägt, zu erringen. Dieselben Fragen gelten für das Zeichen und das Haus, den Lebensbereich, in dem Saturn steht. Mit einer Veränderung dieser Sichtweisen, Saturn selbst, das Zeichen und auch das Haus betreffend, können wir uns von ihm führen lassen, *um die Verbindung von Zeichen und Haus zu verwirklichen* und dadurch das Potenzial der Saturn-Energie jenseits der Schwelle in diesem Lebensbereich in die Welt zu bringen.

Der vierte Schritt dann führt uns vom Deuten zum Fragen, vom «So wurde es in der Astrologie schon immer gedeutet» hin zu den Fragen des geistigen Saturns: «Ist das wahr? Ist das wirklich so?». UND: «Ist das *immer noch* so, oder ist es *jetzt* vielleicht ganz anders?».

Ein wesentlicher Punkt ist hier auch, das Vergangene wirklich gehen zu lassen – also das Plusquamperfekt («Es war gewesen, es ist mehr als getan») als Möglichkeit mit in die Betrachtungen, in den Geist zu nehmen.

Dann sind wir bereit für den ***fünften und letzten Schritt,*** nämlich mit den «sieben Wegweisern» in die neue Sichtweise zu gelangen.

Der geistige Saturn im Karmischen Neumondhoroskop

Der karmische Neumond

Zur Erinnerung: Der *karmische* Neumond ist der letzte Neumond, der vor unserer Geburt stattfand. Jede Neumond-Stellung findet auf der ganzen Welt im selben Zeichen und auf dem gleichen Tierkreisgrad statt. Von daher ist zu bedenken, dass das Neumondhoroskop *nur individuell* wird durch die Hauptachsen und die Häuserverteilung. Bei der Deutung des Karmischen Neumondhoroskops liegt deshalb das Hauptaugenmerk zum einen auf dem Zeichen des Neumonds und zum anderen auf den *individuellen* Punkten, nämlich den Hauptachsen und der Verteilung der Planeten in den Häusern, wobei der Hausstellung des karmischen Neumondes natürlich eine grosse Bedeutung zukommt.

Das Karmische Neumondhoroskop kann man sich wie einen unterirdischen Fluss vorstellen, der *das ganze Leben* lang unter dem Radixhoroskop läuft und dessen Energien dieses beeinflussen, während die folgenden drei Neumondhoroskope (nach der Geburt) – der familiäre, der individuelle und der universelle Neumond – jeweils zirka 29,5 Jahre lang wirksam sind und einander ablösen.

(→ Siehe dazu auch «Anhang 2 – Tipps zur Deutung von Neumondhoroskopen» auf S. 180.)

Die Bedeutung der persönlichen Planeten im Karmischen Neumondhoroskop (KNH)

Um die Absichten der Seele im Karmischen Neumondhoroskop (KNH) genauer erkennen zu können, ist die vorgängige Beantwortung folgender Frage sicher hilfreich, wenn nicht sogar notwendig: «Wie lebe ich meine persönlichen Planeten im *Radix*horoskop?»

Denn die Art und Weise, wie die Energien der *persönlichen Planeten im Radixhoroskop* gelebt werden, ist – vom Astrologischen her gesehen – ein Gradmesser für die Reifung unserer Persönlichkeit, die ihren Abschluss – wiederum astrologisch betrachtet – in deren reifen Nutzung findet. Noch einmal zur Erinnerung: Führen unsere persönlichen Planeten weitgehend ein «Eigenleben», das heisst, werden wir, je nach emotionaler Stimmungslage, von ihnen gesteuert, dann spreche ich von einer unreifen Nutzung ihrer Energien. Werden die Energien der persönlichen Planeten aber bewusst eingesetzt, ohne dass wir uns dabei selbst oder anderen schaden, dann spreche ich von einer gereiften Persönlichkeit. (Natürlich gehören zur Reifung der Persönlichkeit auch Jupiter und Saturn, doch beide sind keine persönlichen, sondern Gesellschaftsplaneten. So lege ich in diesem Kontext auf Jupiter kein Augenmerk, und Saturn ist ja sowieso das «Thema des Tages» in diesem Buch.)

Unser Umgang mit den persönlichen Planeten – sowohl im Radixhoroskop als auch im KNH – ist deshalb so wichtig, weil sich in ihren Energien das findet, was die Seele aus früheren Inkarnationen mitbringt und was sie jetzt in Radix und KNH *gemeinsam* zum Ausdruck bringen möchte. Dabei sind Planeten, die vom KNH zur Radix das Zeichen gewechselt haben, aufschlussreiche Hinweise auf das, was die Seele sich vorgenommen hat: auf die karmischen Aufgaben, die sie bearbeiten möchte. In jedem Fall wollen beide Zeichenenergien miteinander verbunden und gelebt werden. Die Energien sollen in ihrer unterschiedlichen Färbung durch die Zeichen *beide* im jetzigen Leben zum Ausdruck kommen und in einer *reifen Form* genutzt werden.

Dabei liegt der Fokus auf den persönlichen Planeten, weil sie naturgemäss in der Zeit, die vom KNH bis zum Geburtshoroskop verstreicht, öfter in andere Zeichen wechseln als die Langsamläufer. So ist es nicht unwesentlich, wenn einer (oder mehrere) von ihnen im Radixhoroskop in einem anderen Zeichen oder – was wesentlich häufiger vorkommt – in einem anderen Haus steht als im KNH. Dazu später mehr.

Beispiel Steffi zum Umgang mit den persönlichen Planeten im KNH und im Radixhoroskop

Es ist interessant, zuerst das Karmische Neumondhoroskop zu betrachten, denn es liegt ja naturgemäss zeitlich vor dem Radixhoroskop:

In Steffis **Karmischem Neumondhoroskop** *(siehe Fig. 6)* stehen Sonne, Mond, Merkur und Venus in Jungfrau und Mars in Skorpion. Was die Seele mitbringt in dieses Leben, ist eine sehr starke Erd-Qualität in Jungfrau, die vielleicht in einer anderen Inkarnation anhaftend gelebt wurde durch Perfektionsstreben, Kritik, Eigenkritik und ein starkes Sicherheitsbedürfnis, durch Genauigkeit und Ordnung, um die Kontrolle zu behalten (auch wenn Jungfrau ein bewegliches Zeichen ist). Eine Themenwiederholung findet sich im Skorpion-AC in Konjunktion mit Mars.

Alternativ dazu könnte Steffis Seele diese Erd-Qualitäten schon in früheren Leben in einer sehr reifen Form gelebt haben, auch das wäre möglich, und ihre Absicht wäre jetzt, diese zu vervollkommnen und anderen Menschen in ihrer ganzen Stärke zur Verfügung zu stellen. Doch Konjunktionen und auch ein Stellium bedeuten häufig einen Neuanfang, und da im nachfolgenden Radixhoroskop mehrere der persönlichen Planeten in einem anderen Zeichen stehen, denke ich, dass es in erster Linie um eine Veränderung des einseitigen Erdhaften geht. Auch Steffi bestätigt das «aus dem Bauch heraus», wie sie es formuliert.

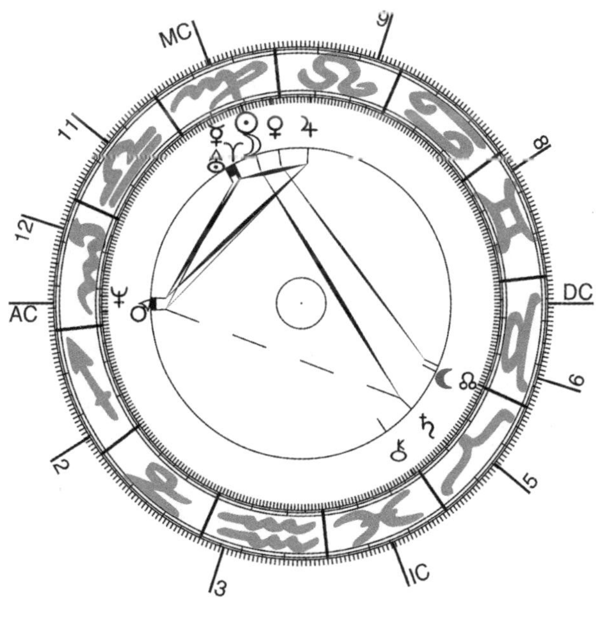

Fig. 6: **Steffi** – Karmisches Neumondhoroskop *(Placidus)*

Im **Radixhoroskop** *(siehe Fig. 7)* – zehn Tage nach dem karmischen Neumond – befindet sich die Sonne immer noch in Jungfrau, aber der Mond steht jetzt in Wassermann, Merkur in Waage, Venus in Löwe und Mars in Schütze. – Schon auffallend, diese vielen Zeichenwechsel in so kurzer Zeit, oder?

Betrachten wir jetzt dieses Radixhoroskop und die Zeichenwechsel von vier persönlichen Planeten seit dem karmischen Neumond, dann ist es hoch interessant, welche Kombinationen sich für Steffi ergeben und was vertieft und beibehalten werden möchte:

Mond in Jungfrau (im KNH) in Kombination mit Mond in Wassermann (Radix) könnte die Fähigkeit ergeben, in Beziehungen nicht nur zuverlässig, nützlich und von kritischer Vorsicht zu sein, sondern sich auch die Freiheit zu nehmen, die Bedürfnisse mit einzubringen, die zu Steffis eigener Art, zu ihrer Individualität gehören. Interessanterweise bildet im Radixhoroskop dieser Mond mit Merkur in Waage und Mars in Schütze ein Talentdreieck, in dem zweimal

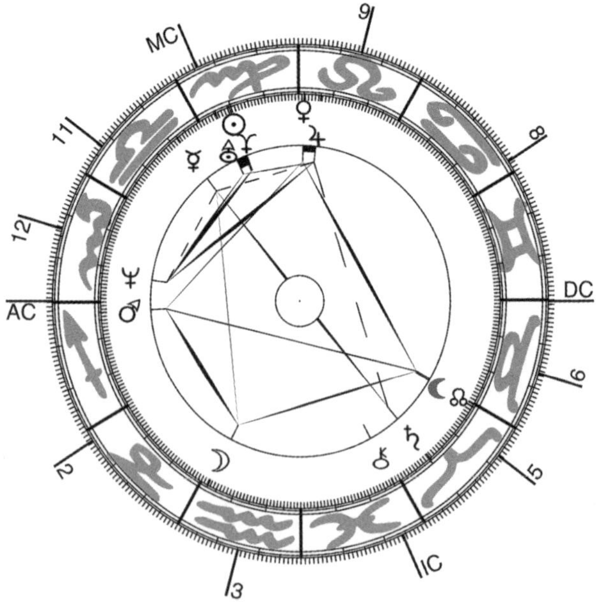

Fig. 7: **Steffi** – Radix *(Placidus)*

das Element Luft und einmal das Element Feuer nach aussen hin, ins erste Haus, drängen.

Merkur in Jungfrau in Konjunktion mit Pluto und Uranus (im KNH) und Merkur in Waage im oben angeführten Talentdreieck (in der Radix) bilden wiederum eine erfolgsversprechende Kombination: Langsames, gründliches und zur Perfektion neigendes Denken (Jungfrau) mischt sich mit Diplomatie und ausgesprochener Begegnungsfreude (Waage). Beide Male besteht ein Sextil von Merkur zu Mars: Die Absicht der Seele könnte sein, die im KNH zu findenden, sehr durchsetzungsfähigen, kritisch kontrollierenden, emotional gefärbten und vielleicht ein wenig sturen eigenen Vorstellungen (Erde und Wasser) mit der sehr viel zugewandteren und «leichteren» Qualität von Luft und Feuer (Radix) zu verbinden.

Auch der Wechsel von einer rückläufigen Venus in Jungfrau (KNH) zu einer ebenfalls rückläufigen Venus in Konjunktion mit Jupiter in Löwe (Radix) ist eine von der Seele wohldurchdachte Verbindung: vom kritischen, mit sich unzufriedenen, nie ganz genügenden Selbstwert (KNH) Abschied zu nehmen und die Fähigkeit zu entwickeln, sich selbst etwas mehr in den Mittelpunkt zu stellen und das mit Jupiter auch zu geniessen. Die Kombination von beidem könnte den Mittelwert ergeben zwischen «Ich genüge nicht» und «Ich und meine Vorstellungen sind der Superlativ».

Was geblieben ist in beiden Horoskopen ist die Sonne in Jungfrau, im Radixhoroskop verbunden mit Pluto und Uranus: auf der einen Seite der Wille, bei allem die Kontrolle zu behalten, auf der anderen Seite der Wille, immer wieder auf Neues zuzugehen oder es zuzulassen.

Steffi arbeitet als Eventmanagerin in einer global agierenden Firma, ihr Einsatzgebiet sind immer wieder andere Städte sowohl im Inland als auch im Ausland, was einerseits zum Schütze-Mars, andererseits auch zum stark besetzten neunten Haus (im KNH und in der Radix) passt.

Häuserverbindungen von Radixhoroskop und Karmischem Neumondhoroskop

Nicht nur der Zeichenwechsel der persönlichen Planeten vom KNH zur Radix liefert genauere Hinweise über die Absichten der Seele, sondern natürlich ebenso die Veränderungen der Häuserbesetzungen. Auch hier möchte die Seele die durch die Häuser in beiden Horoskopen symbolisierten Lebensbereiche gemeinsam zum Ausdruck bringen.

Deshalb noch ein paar Gedanken zu den Häuserverbindungen der beiden Horoskope. Bleiben wir bei Steffis Horoskopen *(Fig. 6 und Fig. 7)*, wo durch die sehr ähnliche Aszendent-Stellung die meisten Planeten in denselben Häusern bleiben. Doch auch in diesem Fall findet sich eine deutliche Aussage, nämlich die Betonung dieser Häuser bzw. Lebensbereiche. Stark betont sind in beiden Horoskopen jeweils das neunte und das zehnte Haus, das erste Haus mit Mars und das vierte Haus mit Saturn. Wenn wir versuchen, die Absicht der Seele dahinter zu sehen, dann könnte es darum gehen, die eigene Meinung, die eigenen Vorstellungen und auch den eigenen Willen, die Persönlichkeit (neuntes Haus) im beruflichen und gesellschaftlichen Bereich (zehntes Haus) kraftvoll und weltoffen nach aussen zu bringen (erstes Haus). Der Mond im KNH und in der Radix verbindet Haus 9 und Haus 2, was heisst: den Talenten, Fähigkeiten und eigenen Werten einen persönlichen, tieferen Sinn zu geben und sie dann heilsam auch anderen zur Verfügung zu stellen.

Saturn – der «Dirigent» im Karmischen Neumondhoroskop

Verlassen wir die Energien der persönlichen Planeten und deren Stellung im Geburts- bzw. Karmischen Neumondhoroskop und wenden wir uns der Saturn-Energie in den beiden Horoskopen zu. Es ist selten, dass Saturn dabei das Zeichen wechselt, doch sind, wie immer beim KNH, die Häuser, in denen er steht, von grosser Bedeutung. Es würde Saturn und seiner Energie wirklich nicht gerecht, würden wir hierbei nur die übliche Deutung von diesseits der Schwelle, also vom irdischen Saturn, berücksichtigen. Solange Saturn nämlich diesseits der Schwelle als Hemmung, Blockade, einfach gesagt als «schwierig» betrachtet wird, kann seine Energie auch nicht in der reifen Form genutzt werden – unsere innere, eher ängstliche oder ablehnende Haltung ihm gegenüber ist dabei hinderlich.

Doch um mit Saturn über die Schwelle zu gehen – um also von den saturnischen Regeln, die *vom Aussen* für uns aufgestellt wurden, zu unseren *eigenen, inneren* Regeln zu gelangen –, müssen wir uns die Frage stellen: Ist das, was ich *bisher* über Saturn dachte, noch immer wahr? Ist das wirklich so? Denn wenn wir mit einer neuen Betrachtung von Saturn über die Schwelle gehen, dann können wir seine Energie in einer reiferen Form nutzen.

Die neue Betrachtungsweise führt uns zu unserer eigenen inneren Richtschnur, unseren eigenen inneren Regeln, unserer eigenen inneren Haltung. *Diese innere Richtschnur findet sich weder im Geburts- noch im Karmischen Neumondhoroskop,* sondern wir tragen sie in uns – sie ist NICHT im Horoskop zu finden. *Jedoch möchte die Seele unsere innere Richtschnur über Saturn und seine Hausstellung im KNH ausdrücken.*

Im Karmischen Neumondhoroskop haben wir, wie der Name schon sagt, mit karmischen Gegebenheiten und Bedingungen zu tun, die die Seele aus anderen Leben «mitgebracht hat», um im jetzigen Leben entweder den Umgang damit zu lernen oder ihn zu vervollkommnen. Dabei sind vor allen Dingen die Hauptachsen und damit auch die Häuserverteilung wichtig, denn nur sie sind, im Gegensatz zu den übrigen Konstellationen im KNH, individuell. Allem voran natürlich das Haus, in dem sich der karmische Neumond befindet, denn das ist der Lebensbereich, der in diesem Leben, karmisch gesehen, wohl die grösste Bedeutung hat. Stehen im Radixhoroskop Sonne und Mond meist in verschiedenen Lebensbereichen (Häusern), so vereinigen sich beim KNH Wollen und Sehnen (Sonne und Mond) in *einem* Haus – es kann davon ausgegangen werden, dass die Seele diesen Schwerpunkt ausgewählt hat, um hier etwas zu bewirken, für sich *und* andere.

Nur um ein kleines Beispiel zu geben, als Denkanstoss:

Nehmen wir an, ***der karmische Neumond steht in Schütze in Haus 7,*** dem Lebensbereich, in dem wir das Du zu unserem Ich am AC hinzunehmen. Nach Wunsch der Seele liegt der Schwerpunkt hier also auf dem Du, dem Anderen, also auf Beziehungen aller Art. Diesen Lebensbereich zu verwirklichen, in diesem Lebensbereich sowohl etwas zu lernen als auch etwas weiterzugeben, hat sich die Seele als eine Aufgabe in dieses Leben mitgebracht.

Die Sonne will etwas, der Mond sehnt sich nach etwas, der Mars soll es tun.

Um Wollen und Sehnen und Tun aber zur Wirklichkeit werden zu lassen – dass im Leben also etwas verwirklicht, etwas bewirkt wird –, muss die Energie von Saturn mit dabei sein, die wir nutzen können, um etwas «in die Realität zu holen», ins Leben zu holen. Damit ist nicht nur das Materielle gemeint, sondern ebenso Worte oder auch Emotionen – gleichgültig, in welchem Zeichen Saturn steht. Durch seine Energie können wir etwas entstehen lassen.

Die reif gelebte Energie von Saturn kann genutzt werden, um etwas zu bewirken, etwas zu verwirklichen, etwas in die Wirklichkeit zu bringen. Deshalb kann davon ausgegangen werden, dass das Haus, der Lebensbereich, in dem Saturn im Karmischen Neumondhoroskop steht, ein zweiter Schwerpunkt ist, den sich die Seele gesetzt hat, *zusätzlich* zum Haus, in dem der karmische Neumond steht.

Meist steht Saturn im KNH im selben Zeichen wie im Radixhoroskop, es kann also gemäss dem Zeichen sehr gut verstanden werden, wie sich die «Basisenergie» von *Saturn,* zusammen mit der Energie des *Zeichens,* umsetzen lässt. Was möchte die Seele mit dieser Kombination in diesem Lebensbereich Wirklichkeit werden lassen?

Gehen wir mit unserem kleinen Beispiel von vorhin ein Stück weiter:

Saturn steht im Radixhoroskop in Haus 5 in Krebs. Haus 5 kann, kurz gedeutet, als der Bereich angesehen werden, in dem wir uns mit dem, was wir sind, können, denken, mit unserer Kreativität «auf die Bühne bringen wollen», was uns letztendlich Freude und Genugtuung bringt. Mit der reif gelebten Saturn-Energie gelingt das auf eine sorgfältige, gründliche, gut vorbereitete Weise, und – durch die Färbung von Krebs – wohlwollend, einfühlsam und anderen Menschen zugewandt.

Dieser Saturn steht im KNH in Haus 2, dem Lebensbereich unserer Talente, unserer Fähigkeiten, also dem, was wir können. Was könnte nun das Vorhaben der Seele sein? Was verbindet die beiden Häuser fünf und zwei miteinander? Die Frage ist müssig, denn jeder von uns kann die beiden Lebensbereiche gut miteinander verbinden, denn sie sind sich ähnlich: das, was wir können, das, was wir wertschätzen, auf eine gut vorbereitete und wohlwollende Weise zu zeigen, nach aussen zu bringen, sodass es sowohl uns als auch anderen Freude bereitet.

Nehmen wir jetzt noch ***Haus 7, in dem der karmische Neumond in Schütze steht***, hinzu, dann haben wir sehr deutlich die Absicht der Seele vor uns liegen:

Uns mit unseren Fähigkeiten (Haus 2) zu zeigen (Haus 5) und damit anderen Menschen (Haus 7) neues Wissen, neue Vorstellungen, vielleicht eine erweiterte Sichtweise nahezubringen (Schütze).

Wie schon an anderer Stelle gesagt, aber weil es so wichtig ist, hier noch einmal:

Wir tragen tief in uns eine weise Frau, eine Meisterin, nämlich unsere Seele.

Sie ist unsere innere Meisterin, unsere innere Beobachterin, sie ist die, die weiss, sie ist –

PUH RUH.

Wir sind bis in die letzte Zelle be-seelt oder durch-geistigt, unsere Seele «wohnt» in uns und möchte sich speziell durch

den geistigen Saturn im Karmischen Neumondhoroskop

ausdrücken in dieser Welt. Damit will sie, wollen wir der Welt etwas von uns geben.

Auf einem neuen Pfad mit dem Karmischen Neumondhoroskop

Besonders mit dem Karmischen Neumondhoroskop hat sich die Seele Möglichkeiten geschaffen, ihre Absichten zum Ausdruck zu bringen. *Es sind vier Häuser,* in denen PUH RUH, die geistige Saturn-Energie, die innere Weisheit, die inneren saturnischen Regeln zur Entfaltung kommen:

Haus A	Das Haus, in dem Saturn steht. Die GROSSE ÜBUNG.
Haus B	Das Haus, in dem der Herrscher von Haus A steht, will zum Ausdruck gebracht werden, *sowohl* für sich *als auch* für andere.
Haus C	Das Haus, in dem der Herrscher von Haus B steht, als Helfer auf dem Weg dorthin.
Haus D	Das Haus, in dem der karmische Neumond steht. Angestrebtes «Ziel» sowohl für die eigene Seele als auch für die Gemeinschaft.

Es ist diese geistige Saturn-Energie, mit deren Hilfe wir unsere Persönlichkeit, unser Ich zu der Reife erblühen lassen können, die wir uns wünschen, in diesem Leben zu erreichen. Um mit dem Hüter der Schwelle in den geistigen Bereich von Uranus, Neptun und Pluto zu gelangen, in dem er, Saturn, ebenfalls zu Hause ist, muss es uns gelungen sein, unsere persönlichen Planeten in einer einigermassen reifen Form zu leben. Des Weiteren ist es nötig, unsere Betrachtungsweise von Saturn selbst verändert zu haben, damit wir seine Energie sowohl «irdisch» als auch «geistig, spirituell» verstehen und nutzen können. Der Umgang mit seiner geistigen Energie bedeutet – anders als in der traditionellen Saturn Deutung –, ihn als spirituellen Führer, als wohlwollende Begleitung in unseren Unternehmungen zu sehen.

Deshalb ist das Haus im KNH, in dem Saturn steht, also **Haus A,** so wesentlich und beinhaltet auch die GROSSE ÜBUNG (siehe unten), die uns befähigt, unser Ego – den Teil in uns, der in den allermeisten Fällen zuerst an sich selbst denkt – mitzunehmen in einen anderen Raum, in den Raum der Seele.

Mir fallen dabei jene Zeilen aus dem Gedicht «Stufen» von Hermann Hesse ein:

Wir sollen heiter Raum um Raum durchschreiten,
An keinem wie an einer Heimat hängen,
Der Weltgeist will nicht fesseln uns und engen,
Er will uns Stuf' um Stufe heben, weiten.

Mit Saturn über die Schwelle in sein geistiges Zuhause zu gehen, heisst, für uns, für unsere Persönlichkeit einen neuen Raum zu eröffnen, geschützt und gestützt durch seine Energie.

Haus A kann daher als ein sehr «persönliches» Haus betrachtet werden, das uns letztlich auch die Möglichkeiten eröffnet, mit unserer gereiften Persönlichkeit vielleicht sogar zum Vorbild für andere zu werden.

Die «Erfolge» der GROSSEN ÜBUNG möchte die Seele – und sicher auch unser Ich – zum Ausdruck bringen, und das geschieht im Lebensbereich von **Haus B.** Im spirituellen Bereich der Seele, im Bereich des Sowohl-als-auch, ist der Fokus immer sowohl auf uns als auch auf andere Wesen gerichtet. Die Seele möchte das, was sie aus anderen Inkarnationen mitbringt, und das, was sie in dieser Inkarnation gelernt hat und immer noch lernt, anderen zur Erleichterung ihres Lebens zur Verfügung stellen. Hinweise auf diesen Wunsch finden sich vor allem im Karmischen Neumondhoroskop und dort im Lebensbereich von Haus B und Haus D (siehe unten).

Der Lebensbereich von **Haus C** ist von der Seele als Hilfe für Haus B gewählt worden. Damit es nicht gar so schwerfällt, denn es kann davon ausgegangen werden, dass die Seele im Lebensbereich von Haus B Erfahrungen in dieses Leben mitbringt, mögen es angenehme oder weniger angenehme sein; dieser Bereich ist ihr nicht unbekannt. Waren die Erfahrungen der Seele in früheren Leben oder die Erfahrungen des Ichs in diesem Leben nicht ganz so angenehm, dann ist es gut möglich, dass wir diesen Bereich ablehnen. Die Seele jedoch möchte sich damit auseinandersetzen, neue Erfahrungen machen und eine andere Sichtweise erlangen, die es ihr ermöglicht, etwas von sich zu geben. Dabei soll und kann die Unterstützung aus Haus C das Leben etwas leichter machen. Die Planeten in Haus C könnte man auch als Teile eines Werkzeugkastens sehen.

Fast immer, wenn wir ein karmisches Neumondhoroskop betrachten, fällt unser Blick als Erstes auf die Neumondkonstellation und das Haus, in dem sie steht – auf den Lebensbereich von **Haus D.** Es ist jener Bereich, der letztlich «das Ziel» der Seele ist. Um sich über dieses Ziel ausdrücken zu können, hat sie einen ganz bestimmten Geburtszeitpunkt gewählt, damit auch der Neumond in einem ganz bestimmten Zeichen und in einem ganz bestimmten Haus zu stehen kommt. Die Lebensbereiche von Haus A, B und C und die darin enthaltenen Aufgaben finden ihren Abschluss in Haus D.

Die vier Häuser A, B, C und D im Einzelnen

Haus A – Das Haus, in dem Saturn steht

In Haus A findet sich die GROSSE ÜBUNG, durch die eine neue Betrachtungsweise von Saturn und damit einer neuer Umgang mit seiner Energie erreicht werden kann.

In diesem speziellen Lebensbereich möchte die Seele, dass wir uns mit fünf Punkten beschäftigen, die uns und unsere bisherige Betrachtung von Saturn nachhaltig verändern können:

1. Eine intensive, veränderte Betrachtung des Lebensbereiches von Haus A.
2. Saturn als karmisches Potenzial betrachten.
3. Saturn als spirituellen Führer zur Meisterschaft im Sowohl-als-auch nutzen.
4. In Fehlern, im Mangel das Potenzial erkennen.
5. Zu einem Beispiel werden für andere – in Gedanken, Worten und Taten.

***Zu Punkt 1** – Eine intensive, veränderte Betrachtung des Lebensbereiches von Haus A*

Nicht alle zwölf Häuser mögen wir gleich gern. In nicht allen durch sie symbolisierten Lebensbereichen fühlen wir uns zu Hause, bewegen wir uns gern. Mit manchen möchten wir uns am liebsten gar nicht beschäftigen, vielleicht mit der Herkunftsfamilie im vierten, mit der gesamten Sippe im achten oder mit der uns innewohnenden, ganz eigenen Spiritualität des zwölften Hauses.

Doch dieses Haus A im KNH, in dem der geistige Saturn steht, möchte von der Seele in diesem Leben karmisch überarbeitet werden. Dabei ist die Saturn-Energie mit ihren Fragen «Ist das wahr? Ist das wirklich so?» sehr hilfreich, denn – wie so häufig – sind wir auch in unseren Vorstellungen, die wir von einem Lebensbereich haben, gebunden, in Geschichten aus der Vergangenheit, in alten Vorstellungen, in überholten Erfahrungen. Um zu erforschen, ob wir in unseren diesbezüglichen Gedanken und Gefühlen im Heute angekommen sind, können wir zum einen die beiden Saturn-Fragen stellen und beantworten, zum anderen aber auch den Anfängergeist einsetzen, also die Übung, alles, was uns in Haus A begegnet, einmal so zu betrachten, als würden wir es das erste Mal sehen und erleben.

Es gibt noch eine weitere Möglichkeit, um sich mit einem Haus, mit einem Lebensbereich intensiv zu beschäftigen und gleichzeitig zu einer tieferen Selbsterkenntnis zu gelangen:

In den zwölf Häusern des Horoskops, also den zwölf Lebensbereichen oder unseren zwölf Lebensbühnen, treten wir häufig in unterschiedlichen Rollen auf. Das kann aus beruflichen Gründen sein oder vielleicht, weil uns diese Rollen von der Umgebung übergestülpt wurden und wir sie angenommen haben, oder auch ganz freiwillig, weil wir uns in diesen Rollen gefallen.

So ist es bei näherer Betrachtung der Lebensbereiche – in unserem Fall jetzt speziell Haus A – ratsam, unsere Rolle, mit der wir diese Bühne bespielen, zu analysieren und zu überprüfen, ob sie passend ist.

(→ Die dazu geeigneten Fragen finden sich im «Anhang 3 – ‹Rollenspiele› in den Häusern» auf S. 181 und im «Anhang 4 – Uranus, Neptun und Pluto in den Häusern» auf S. 192.)

Zu Punkt 2 – Saturn als karmisches Potenzial betrachten

Was ist ein karmisches Potenzial? Allgemein gesagt sind es Fähigkeiten, die von der Seele und ihren Verkörperungen in mehreren oder auch vielen Leben bearbeitet, gelernt und verfeinert wurden und die sie jetzt zur Verfügung stellen möchte. Ob das Ich mit seiner Persönlichkeit und seiner Psyche diese Fähigkeiten in einer heilsamen oder unheilsamen Art zum Ausdruck bringen wird, ist dabei ungewiss. Wenn es aber Fähigkeiten sind, die eine Person zur Unterstützung und Freude ihrer selbst *und* anderer zum Ausdruck bringt, dann kann davon ausgegangen werden, dass sich Seele und Psyche dieser Person «einig sind».

Beziehen wir die Fähigkeiten, durch die ein karmisches Potenzial ausgedrückt wird, auf das Horoskop, dann werden wir wahrscheinlich bei einem oder mehreren Planeten fündig, denn alle Planeten, alle Zeichen und alle Häuser haben mit Sicherheit einen karmischen Hintergrund, denn wir haben viele Leben mit vielen Horoskopen gelebt und mit jedem dieser Faktoren uns Ursachen geschaffen, deren Wirkung wir in anderen Leben zu bearbeiten hatten.

Wenn nun Saturn im Radixhoroskop meist als Problem gedeutet und häufig auch als ein solches erfahren wird, weil wir seine Energie diesseits der Schwelle in einem sehr eingeschränkten Blickwinkel betrachten und nutzen, dann ist es Teil der GROSSEN ÜBUNG, ihn im Karmischen Neumondhoroskop als karmisches Potenzial in einem neuen Licht zu sehen.

Zu Punkt 3 – Saturn als spirituellen Führer zur Meisterschaft im Sowohl-als-auch nutzen

Habe ich in der Überschrift oder auch im Titel dieses Buches die konventionell männliche Form von Saturn gewählt, dann möchte ich jetzt noch einmal darauf hinweisen, dass seine Energie eine *weibliche* ist, wir diese also als spirituelle Führerin, als unsere innere Beraterin auf dem Weg in unsere ganz persönliche Meisterschaft nutzen dürfen. Zur Meisterschaft im Sowohl-als-auch.

An anderer Stelle wurde schon erwähnt, dass in der Geistigen Welt nicht das Entweder-oder, sondern nur das Sowohl-als-auch bestimmend und prägend ist. Denn dieses entspringt einer integrierenden Denkweise, also einer weiblichen Energie, während das Entweder-oder einer separierenden Denkweise, also einer männlichen

Energie entspricht (wobei in den allermeisten Fällen die Denkweise oder Geisteshaltung auch eine innere Haltung zum Ausdruck bringt). Beides kann sich selbstverständlich verändern respektive verändert werden, vor allem dann, wenn wir bedenken, dass Geisteshaltungen einen karmischen Ursprung haben und im Allgemeinen von der Seele in diesem Leben bearbeitet werden möchten.

Nutzen wir die Saturn-Energie in einer reifen Form, dann begegnen uns immer wieder die für Saturn typischen Fragen: «Ist das wahr? Ist das wirklich so?». Allein diese beiden Fragen führen uns und unser Denken in die Tiefe statt in die Breite. Bewertung und Beurteilung einer Person, einer Situation, der Vergangenheit oder der Zukunft, ebenso aber auch unserer eigenen Person sind sehr schnell vollzogen im Entweder-oder. Entweder gut oder schlecht, schwarz oder weiss, angenehm oder unangenehm, beglückend oder beängstigend … Zur Begründung werden oft Argumente angeführt, die sich anbieten, die offenbar sind, die uns «gerade zur Verfügung stehen».

Stellen wir uns aber die Frage, ob es wirklich wahr ist, was wir automatisch denken, dann bleiben wir nicht bei der oberflächlichen Argumentation, sondern denken gründlicher: Was könnte wohl *unter dem liegen,* was wir gerade wahrnehmen, über was wir gerade nachdenken. Wir tauchen ein in eine tiefere Schicht und gelangen auf diese Weise zu einem tieferen Erkennen von dem, *was wirklich ist.* Denn es kann davon ausgegangen werden, dass eigentlich das Wenigste so ist, wie wir meinen, dass es ist. Um es überspitzt zu formulieren: Wir können durch tieferes Fragen zu der Erkenntnis gelangen, dass eine Situation oder ein Mensch nicht so ist, wie wir es gerne oder eben nicht gerne hätten – *sondern* dass es immer eine «angenehme» Seite (wie wir es gerne hätten) *und* eine «unangenehme» Seite (was wir ablehnen) gibt.

Das zu begreifen, vereinfacht das Leben sehr. Denn wir müssen uns nicht dauernd entscheiden zwischen «Will ich» und «Will ich nicht», sondern wir können aus dem, was uns angenehm, und dem, was uns unangenehm erscheint, ein übergeordnetes Drittes bilden, zum Beispiel etwas Neues denken, einer neuen Spur folgen …

Die Saturn-Energie können wir in einer reifen Form auf dem Weg zu unserer persönlichen Meisterschaft nutzen. Doch was bedeutet «Meisterschaft» in *diesem* Fall?

Meisterschaft mit dem *irdischen Saturn diesseits der Schwelle* bedeutet, den reifen Umgang mit der Saturn-Energie zu erreichen, und zwar mit den Basisfaktoren unserer Persönlichkeit: Körper, geistiges Bewusstsein und Psyche, also mit dem, was wir gemeinhin unser Ego nennen.

> Meisterschaft mit dem *geistigen Saturn jenseits der Schwelle* bedeutet, die Wünsche des Ego mit den Wünschen der Seele in Einklang zu bringen.

Saturn als Hüter der Schwelle kennt das Irdische ebenso wie das Geistige, seine Energie – natürlich rein geistig – ist für unsere «irdischen (Ego-)Belange» ebenso in einer reifen Form nutzbar wie für unsere «geistigen, seelischen Belange».

***Zu Punkt 4** – In Fehlern, im Mangel das Potenzial erkennen*

Zur Verdeutlichung: Wenn wir Schwierigkeiten mit einem Planeten haben, dann ist es nicht der Planet, der uns die Schwierigkeiten bereitet, sondern unser noch unreifer Umgang mit seiner Energie. Es ist also *nicht* das Potenzial des Planeten oder seiner Energie, sondern ...

... es ist unser Potenzial im Umgang mit der Planetenenergie, das es gilt kennenzulernen, zu entwickeln und zu nutzen.

Fehler und Mängel, etwas falsch machen oder etwas nicht können, durch Fehlendes gehindert werden, um etwas zu erreichen oder zu tun – all das wird im Allgemeinen Saturn zugeschrieben. Doch ist das wahr, ist das wirklich so? Es ist doch genauso gut möglich, dass wir durch Fehler und Mängel auf etwas aufmerksam gemacht werden sollen. Und bei Fehlendem oder Mängeln ist es doch sehr viel wahrscheinlicher, dass etwas hinzugefügt werden muss, als etwas zu lassen.

Nehmen wir das Beispiel eines Spannungsaspekts zwischen Mars und Saturn:

Eine Auswirkung davon könnte sein, dass wir an einer ausgesprochenen Aggressionshemmung «leiden», das Herangehen an etwas, das Anpacken von etwas gelingt uns nicht, ebenso wie uns das Zupacken und die Verteidigung sowohl im sprachlichen als auch im körperlichen Bereich schwerfallen.

Was wollen wir lernen zu (ver-)lassen? Vielleicht die Sorge, die Angst nicht gut genug zu sein, es nicht zu schaffen. Das ist eigentlich die Art des Männlichen, etwas zu separieren, sich von etwas zu trennen. Die Art des Weiblichen (und die Saturn-Energie ist wie gesagt weiblich) wäre, etwas zu integrieren, etwas hinzuzunehmen, etwas zu erweitern.

Was könnte bei dieser Konstellation von Mars/Saturn erweitert werden? Anders gefragt: Wie könnten die Energien von Mars und Saturn in einer erweiterten Form genutzt werden? Was darf hinzugenommen werden, was muss integriert werden, damit die Energien in einer reifen Form gelebt werden können?

Im Fall eines Saturn-Aspekts mit einem persönlichen Planeten ist es sicher von Vorteil, sich zuerst dem Saturn zuzuwenden: ihn nicht als Hindernis (oder gar Strafe) zu sehen, sondern als Hinweisgeberin, Führerin und Schützerin im Umgang mit der Energie des persönlichen Planeten, in diesem Fall von Mars.

Wenn zum Beispiel klar wird, dass eine Planetenenergie im Aspekt mit Saturn so gut wie nie in der Übertreibung gelebt werden kann, darf mit Freude und Lust diese Energie kennengelernt werden. Es kann überlegt werden, was dem Mars, je nach Zeichen, gefällt, auf welche Art und Weise er etwas gerne tut. Ist es ein Wasser-Mars, könnte man sich fragen, was ihn «in Stimmung bringt», was fur ihn stimmig ist, bei einem Feuer Mars, was ihn wirklich begeistert.

Nochmals: Mit Saturn im Aspekt kann die Energie von Mars normalerweise nicht übertrieben werden. Selbstverständlich gibt es aber auch Menschen, die mit einem harten Aspekt von Mars/Saturn auf eine für sich selbst und andere absichtlich destruktive Weise handeln, doch das soll hier ausgeklammert werden, denn diese Menschen brauchen zur Veränderung ihres Verhaltens nicht die Astrologie, sondern eine Psychotherapie.

Durch Saturn werden wir auch darauf hingewiesen, dass die Planeten, die im Aspekt zu ihm stehen, von der Seele derart «überarbeitet» werden möchten, dass sie ihre Energien in einer reiferen Form leben können. Wir werden darauf hingewiesen, dass es möglich ist, in unser Potenzial zu kommen, um diese Planetenenergie in voller Reife auszuschöpfen.

Von daher ist es notwendig, sich eingehend mit dem Planeten sowie der Energie des Zeichens, das ihn färbt, zu beschäftigen. Saturn gibt die notwendige Entschlossenheit dazu und prüft gleichzeitig das für uns Machbare. Wir können also wirklich «in die Vollen gehen», können mutig und lustvoll ausprobieren: uns selbst und die Energie des jeweiligen Planeten.

«Potenzial» bedeutet hier, etwas gut zu können – so nähern wir uns aus dem Mangel heraus unserem Potenzial im Umgang mit den Energien der Planeten, die im Aspekt zu Saturn stehen, sowie seiner eigenen Energie. In unserem Beispiel ist es Mars: Wir nähern uns der reinen Freude am Tun, am Umsetzen von etwas und können dabei mit Freude und Vertrauen die Energie von Saturn nutzen, die uns erdet, stützt und uns das für uns richtige Mass in diesem Prozess aufzeigt.

***Zu Punkt 5** – Zu einem Beispiel werden für andere – in Gedanken, Worten und Taten*

Durch die Nutzung der Saturn-Energie werden wir – wie von keiner anderen sonst – dazu aufgefordert, uns mit dem Thema Verantwortung zu beschäftigen. Im *unreifen* Umgang mit dieser Energie treffen wir auf Altbekanntes: von Verantwortungslosigkeit bis hin zu Überverantwortlichkeit, von «Sich für etwas verantwortlich fühlen, das wir nicht zu verantworten haben» bis hin zu «Für etwas Verantwortung übernehmen, weil wir andere nicht für kompetent genug halten».

Mit der neuen Betrachtungsweise von Saturn jenseits der Schwelle können wir mit ihm als «Führerin» in den reifen Umgang mit seiner Energie gelangen – und damit zu einem echten inneren Verantwortungsgefühl, das unserer inneren Richtschnur entspricht. Denn reife Verantwortung kann nur für das übernommen werden, was in unserer Kompetenz liegt, wozu wir überhaupt «die Macht haben» es zu verantworten. Für anderes können und müssen wir keine Verantwortung übernehmen, da es ausserhalb unseres Verantwortungsbereichs liegt. Für etwas aber sind wir *immer* verantwortlich: für unsere Gedanken, unsere Worte und unsere Taten.

Das Prinzip von Ursache und Wirkung kann wohl als grundlegend in unserer Welt angesehen werden. Wobei jede Ursache eine daraus folgende Wirkung und umgekehrt jede Wirkung eine davor liegende Ursache hat. Der Ahornbaum vor meinem Fenster hat als *Ursache,* dass die «Zusammenarbeit» von Erdboden, Sonne und Regen den Ahornsamen wachsen liess. Die *Wirkung* dieser Zusammenarbeit ist der grosse Baum. Der wiederum ist *Ursache* für immer wiederkehrende «philosophische» Gedanken in mir: Wie gerne ich wie dieser Baum wäre, akzeptierend, gelassen, stabil. Die *Wirkung* dieser Gedanken ruft in mir ein Gefühl von Ruhe und Gleichmut hervor. Und dieses Gefühl ist die Ursache von …

Ich habe dieses Beispiel gewählt, um zu zeigen, dass fast alles Ursache für eine Wirkung sein kann. Wie viel mehr sind dann wir Menschen Ursachen für Wirkungen: Jeder Gedanke in mir ist zunächst die Ursache einer Wirkung in mir. Er ruft eine Geisteshaltung, eine innere Haltung, eine Emotion, vielleicht auch ein Verhalten hervor – dies alles ist wiederum Ursache für die Wirkung, die ich auf andere habe. Wie viel mehr sind dann meine Worte und meine Taten Ursache für Wirkung auf andere.

Wenn wir das wirklich bis in die letzte Konsequenz durchdenken, fällt es uns nicht schwer, einzusehen, dass wir mit dem, was wir denken, fühlen, sagen und tun *beispielgebend* für andere sind. Es kann ein gutes oder ein schlechtes Beispiel sein, doch wir sind die Ursache für eine Wirkung, die wir dadurch hervorrufen.

Gerade in der heutigen Zeit wird immer mehr davon gesprochen, dass alles mit allem verbunden sei, und es gibt immer mehr Menschen, die diese Verbundenheit mit allem (oder auch mit vielem) spüren.

Abschliessend noch ein Hinweis zu Haus A:

> Die GROSSE ÜBUNG kann lebenslang dauern, wenn Zweifel, Anhaftung und Ablehnung unser Denken dominieren. Denn das sind die Verhinderer einer neuen Betrachtungsweise.
>
> Also bitte keine Eile – wirklich alles braucht seine Zeit.

Haus B – Das Haus, in dem der Herrscher von Haus A steht

In diesem Lebensbereich möchte die Seele die «Erfolge» von Haus A zum Ausdruck bringen, und zwar sowohl für uns selbst *als auch für andere.* Dabei ist wichtig, dass es nicht um ein Entweder-oder, sondern um ein Sowohl-als-auch geht, denn bestimmend ist Haus A, in dem der geistige Saturn steht: Mit ihm befinden wir uns im geistigen, im spirituellen Modus, und dabei geht es immer um beides: um uns und die anderen Wesen.

Auch hier gilt es, zuerst den Lebensbereich von Haus B intensiv zu untersuchen, wie er wahrgenommen wird und bisher gelebt wurde (wie in der GROSSEN ÜBUNG für Haus A beschrieben). Ob es notwendig ist, etwas zu verändern, vielleicht die Betrachtungsweise.

Dann gilt es, sich weitere Fragen zu stellen:

- Was verbindet Haus A mit Haus B, welche beiden Lebensbereiche sind angesprochen?
- Wie lebe ich diese bis jetzt?
- Stehen sie in meinem Leben miteinander in Verbindung, wenn ja auf welche Weise?
- Wann, wenn nicht jetzt, könnte ich sie in Verbindung bringen?
- Wie geht es mir damit?
- Wie könnte ich die Verbindung gestalten, heilsam für mich und andere?

Haus C – Das Haus, in dem der Herrscher von Haus B steht

Dieses Haus ist gleichsam der Helfer auf dem Weg, die Wünsche und Aufgaben der Seele an Haus B zu erfüllen. Entweder, weil wir den Lebensbereich von Haus C kennen, weil wir uns darin zu Hause und damit sicher fühlen, oder weil uns die Energien der Planeten, die sich darin befinden, als «hilfreiche Helfer» zur Verfügung stehen.

Empfinden wir diesen Lebensbereich oder diese Planeten als unangenehm, so gilt auch hier die Saturn Frage: «Ist das wahr? Ist das wirklich so?».

Im Weiteren die Frage, auf welche Weise dieser Lebensbereich – oder Teile von ihm – hilfreich zur Erfüllung der Wünsche und Aufgaben der Seele sein könnte. Zum Beispiel: Wie könnte ich das Haus anders betrachten (ohne eine rosarote Brille dabei aufzusetzen)? Oder, auch wenn es vielleicht schwerfällt: Wer oder was in diesem Bereich könnte mir bei der Aufgabenerfüllung helfen? Wage ich es, in diesem Bereich um Hilfe zu bitten?

Haus D – Das Haus, in dem der karmische Neumond steht

Dieser Lebensbereich ist gleichsam das karmische Ziel, das die Seele in diesem Leben anstrebt. Hier zeigt sich eine der «karmischen Motivationen», derentwegen sie hier angetreten ist. So ist natürlich eine tiefergehende Betrachtung dieses Hauses, des Zeichens, in dem es angeschnitten ist, des Zeichens, in dem der Neumond steht, und vielleicht noch anderer Planeten in diesem Haus äusserst wichtig. Eigentlich geht es darum, herauszufinden, welche Fähigkeiten, welches Wissen in diesem Lebensbereich schon aus früheren Inkarnationen mitgebracht wurde, und zu begreifen, auf welche Weise die Seele diese Talente jetzt anwenden möchte.

Im Neumond – der Konjunktion von Sonne und Mond – liegt immer der Samen eines Neubeginns. Es kann also gesagt werden, dass ein Neumondhoroskop eine Botschaft enthält, die es zu entschlüsseln und umzusetzen gilt. Sonne und Mond, Wille und inneres Bedürfnis – ihre Energien wollen, gebündelt in einem Zeichen, in einem Lebensbereich, zum Ausdruck kommen. Im *karmischen* Neumondhoroskop liegt die Absicht der Seele, durch das Zeichen des Neumonds und das Haus, in dem er steht, für dieses Leben einen karmischen Neubeginn zu schaffen: entweder durch das Lernen von Neuem oder dadurch, schon Gelerntes zu vervollkommnen – immer aber in einer heilsamen Weise für sich selbst und andere.

Dazu ist die Führung durch den geistigen Saturn sehr hilfreich, denn Saturn als Symbol für unsere innere Richtschnur sowie unsere Haltung zum Leben und unseren Aufgaben gibt uns durch seine Energie die Möglichkeit, unsere innere Wahrheit über uns selbst anzunehmen, mit ihr zu leben und in eine Zufriedenheit mit ihr und uns zu gelangen. Eine Zufriedenheit, die das Mangel-Denken hinter sich gelassen hat und das annehmen kann, was das Leben im Augenblick gerade anbietet.

Denn das, meine ich, ist die Meisterschaft des geistigen Saturns jenseits der Schwelle: anzunehmen, was es ist, wie es ist, und jeden Tag aufs Neue zu wählen, wie wir damit umgehen.

Doch nicht allein die tiefere Wahrheit über uns selbst, sondern auch die tiefere Wahrheit über Saturn sowohl im Radixhoroskop als auch im Karmischen Neumondhoroskop gilt es zu erforschen. In den allermeisten Fällen ist eine radikal neue Betrachtungsweise erforderlich, um mit den vier Stationen von Haus A, B, C und D im Karmischen Neumondhoroskop gut umgehen und die Absichten der Seele darin erkennen zu können.

(→ Siehe auch «Anhang 1 – Eigenschaften Saturns jenseits der Schwelle», auf S. 179.)

Beispiel für die Methode der Häuser A, B, C und D

Der Mann in unserem Beispiel war ein wirklich aussergewöhnlicher Priester, Lehrer, Internatsleiter, Seelsorger, ein begnadeter Redner, der auf liebevolle Art und Weise auch heikle Dinge auf den Punkt brachte. Er war als Priester so weltlich und als Mensch so spirituell, dass er nirgends ganz dazu passte, dass er überall als jemand Besonderer auffiel. Er war beliebt, in welcher Pfarrei, in welcher Schule, an welchem Ort er auch wirkte, und hat vielen, vielen Menschen geholfen, sowohl in den Schwierigkeiten des Alltags als auch auf ihrem Weg zu sich selbst.

In seinem **Radixhoroskop** *(siehe Fig. 8)* springt uns seine Bestimmung geradezu entgegen: Die Konjunktion von Sonne/Uranus im Trigon zu Mars und im Trigon zu Pluto formt zusammen mit Saturn an der Spitze einen Grossen Drachen – eine eher seltene Aspektfigur. Sonne/Uranus und ein unaspektierter Merkur in Haus 3 zeigen zusammen mit AC in Schütze sein Redetalent, Pluto in Haus 7 in Verbindung mit dem Skorpion-Mars in Haus 11 verweist auf seine starke Einsatzbereitschaft für Menschen, vor allem für die, denen es schlechter ging als den meisten.

Saturn in Jungfrau in Haus 9, der in diesem Horoskop eleviert und an der Spitze der Drachenfigur steht, war im Leben dieses Mannes eine wahrhaft starke Energie. Er nutzte sie auf ganz irdische Weise, indem er hilfreich war für seine Umgebung, indem er gelernt hatte, das Machbare vom Nicht-Machbaren zu unterscheiden und indem er seine Kräfte zielführend einsetzte. Und er nutzte die Energie des geistigen Saturns, indem er zu einem Beispiel wurde für sehr viele Menschen in seinem über 90-jährigen Leben.

Nimmt man sein **Karmisches Neumondhoroskop** *(siehe Fig. 9 nächste Seite)* dazu, werden die Wünsche und Absichten seiner Seele für dieses Leben sehr deutlich:

Haus A, in dem Saturn steht, ist in diesem Fall das elfte, das Haus des *Wir,* des Miteinanders, der Gruppen – jener Lebensbereich, der ihm besonders wichtig war. Er war ein Mensch, der immer versuchte zu integrieren, zu vermitteln, das Miteinander in den Mittelpunkt zu stellen.

Haus B ergibt sich durch den Herrscher von Haus A (Merkur), der in Haus 5 steht. Dieser Lebensbereich möchte von der Seele zum eigenen Wohl und zum Wohl von anderen zum Ausdruck gebracht werden. Er setzte das als Priester meisterhaft um durch seine Fähig-

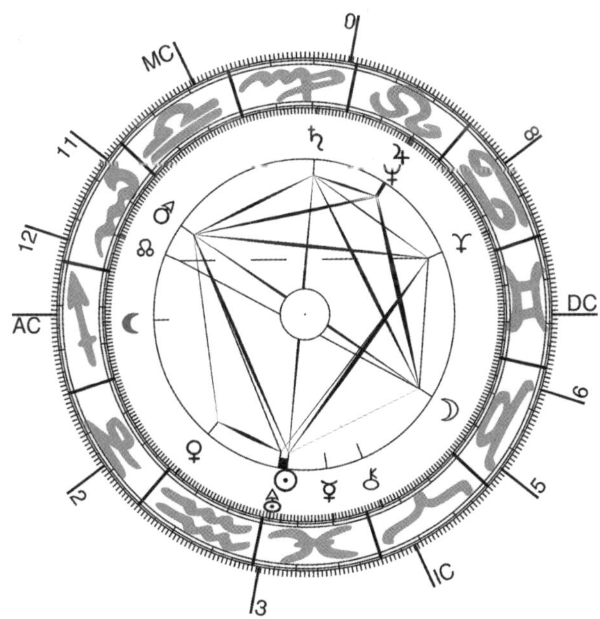

Fig. 8: **Priester** – Radix *(Placidus)*

keit, sowohl zu reden – in Predigten, in der Schule, auf Festen – als auch zuzuhören in den unzähligen persönlichen Gesprächen. Ausserdem sprach er fliessend Altgriechisch, Latein, Französisch und vor allem die Sprache derer, die sowohl trösten als auch mit heilsamen Worten die Menschen ein Stück ihres Weges begleiten können (Merkur in Fische «pur»).

Haus C, das durch den Herrscher von Haus B (Neptun) bestimmt wird, ist hier das zehnte Haus, in dem Neptun mit Jupiter in Konjunktion steht. Allgemein können die Themen von Haus C selbst oder jene der Planeten darin (eventuell auch mit dem aufsteigenden Mondknoten) als unterstützend angesehen werden, damit die Anliegen und Aufgaben der Seele von Haus B ins Leben gebracht werden können. Auch Menschen, auf die man in diesem Lebensbereich trifft, stehen häufig unterstützend zur Seite.

Das zehnte Haus in unserem Beispiel ist in Löwe angeschnitten, und die grosse Beliebtheit des Priesters sowie sein herzliches und zugewandtes Wesen waren ihm ebenso eine Hilfe wie die spirituelle

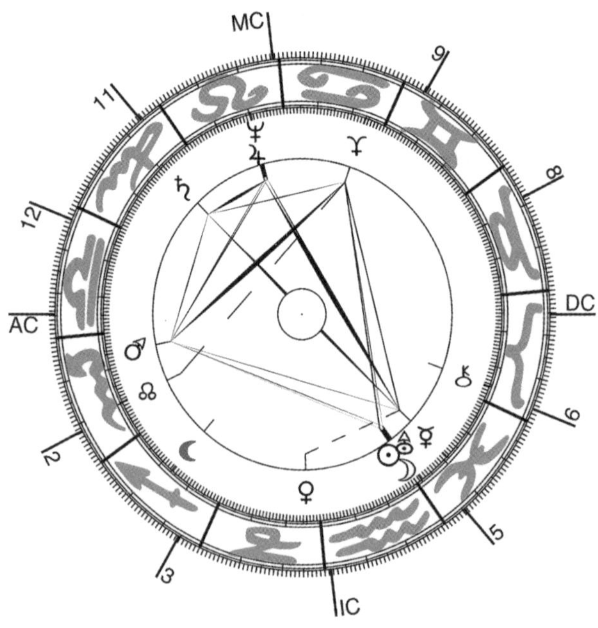

Fig. 9: **Priester** – KNH *(Placidus)*

«Energieform» Neptun und die religiöse, hoffnungsvolle und immer motivierende Energie von Jupiter.

Haus D, das Haus in dem der karmische Neumond steht, ist der Lebensbereich von Haus 4, das angestrebte Ziel der Seele, auch hier wiederum zum eigenen Wohl und zum Wohle der anderen zu sein und zu handeln. Der karmische Neumond steht in Wassermann, ebenso wie das Haus in Wassermann angeschnitten ist. Der Mann war nicht nur der Erste in der Familie, der studieren konnte, sondern er hat auch schon mit zehn Jahren das Elternhaus verlassen müssen, um in einem katholischen Internat das Gymnasium zu besuchen. Doch der eigentliche Wunsch seiner Seele war sicher, sein seelisches So-Sein, seine seelische Heimat zu finden und diesen Schatz mit anderen zu teilen (was generell der eigentliche «Auftrag» in Haus 4 ist); mit der Energie von Wassermann anders zu sein als andere und mit einer inneren Ungebundenheit, das zu leben, was die Seele im Innersten antrieb – ein tiefes Kennenlernen des Lebens und der Menschen.

Diesen Spagat zu leben, zwischen Dazugehören und Alleinsein, und dadurch irgendwie allen und trotzdem nur sich selbst zu gehören, das ist ihm in seinem Leben gelungen. Er konnte deshalb dort, wo er «Reformbedürftiges» sah, re-formieren, erneuern, neue Wege aufzeigen, ganz nach Art des Wassermanns und des elften Hauses, das hier Haus A ist, das Haus, in dem der geistige Saturn seht.

Ein Zitat von Theophrastus Paracelsus, das auf dessen Denkmal in Einsiedeln steht, könnte als Leitgedanke für das Leben des Priesters herhalten und ist auch gut im Radix- wie im Karmischen Neumondhoroskop gespiegelt:

Also bin ich gewandelt durch die Länder
und ein peregrinus gewest meine Zeit,*
allein und fremd und anders.
*Da hast du, Got, wachsend lan** deine Kunst*
unter dem Hauche des furchtbaren Windes
mit Schmerzen in mir.

* Fremder, Pilger
** wachsen lassen

Schlussgedanken

Mit dem alten Herrscher von Wassermann in eine neue Zeit

Es ist doch interessant, dass vor der Entdeckung von Uranus (1781) Saturn als Herrscher von Wassermann durchaus in den Köpfen und auch im Verhalten der Menschen präsent war: in der schwierigen Form durch Beschränkung der Freiheit, in der heilsamen Form durch Beschränkung der Grenzenlosigkeit. Die Entdeckung von Uranus wird immer im Zusammenhang gesehen werden mit den Vorboten der Französischen Revolution, die für mich von der Idee her wunderbar ethisch war: Freiheit, Gleichheit, Brüderlichkeit. Doch von der Ausführung her nicht nur plutonisch, sondern saturnisch in seiner schlimmsten Form: Menschen erheben sich zu Autoritäten und massen sich an, Rache zu üben an anderen Menschen, Andersdenkenden, bis hin zu deren Vernichtung.

Das ist für mich die brutalste und unreifste Form, Saturn in seiner Eigenschaft als Herrscher von Steinbock zu leben. «Von oben her» Gebote und Verbote aufzustellen, rigide Regeln einzuführen, auf unbedingte Weise deren Einhaltung zu fordern und bei nicht Nichtbefolgung auf brutale Weise die «Missetäter» zu bestrafen. So eine «finstere Saturn/Steinbock-Zeit» liegt auch bei uns noch nicht sehr lange zurück. Ich denke dabei vor allem natürlich an die seit den 1920er-Jahren in Deutschland aufblühende Bewegung der rechtsgerichteten Szene, die ihren tiefsten Punkt im Nationalsozialismus mit all seinen entsetzlichen Folgen hatte. Da war kein Saturn in Wassermann, der der Grenzenlosigkeit Einhalt geboten hätte, da war nur der schlimmste Missbrauch von Saturn- und von Steinbock-Energie.

Die Energie von Saturn als Herr von Wassermann, die ja auch eine gewisse Leichtigkeit in sich trägt – immerhin ist Wassermann ein Luft-Zeichen –, war buchstäblich verschwunden, was nicht zuletzt auch in der Sozialisation der Kinder bemerkbar war: «Du musst …, du sollst …, und wenn du das nicht tust, wirst du bestraft!».

Die Auswirkungen dieser Sozialisation wurden im Horoskop anhand von Saturn gedeutet, vor allem durch seine Spannungsaspekte zu anderen Planeten, aber auch durch seine Wirkung im Haus bzw. Zeichen. Doch eigentlich *immer in dem Bewusstsein von Saturn als Herr von Steinbock,* wobei auch dem Steinbock dabei nicht die heilsamen, sondern nur die unheilsamen Seiten seiner Energie zugerechnet wurden.

Mit der neuen Denkweise der 68er-Generation kam ein frischer Wind auf. Ein rebellischer Spruch der Studenten damals war: «Unter den Talaren, der Muff von tausend Jahren», und dazu rechne ich heute auch den Muff in der Deutung von Saturn. Ich will es nicht noch einmal aufzählen, was alles in ihn hineingedeutet wird, doch fast immer geht es in die Richtung «Verhinderer, Übeltäter».

Wir leben jetzt in den Anfängen des Wassermannzeitalters, und Saturn – er fehlt.

Gerade die Menschen im wohlhabenden Teil der Welt leben beinahe wie in einem Rausch von Wassermann und seinem neuen Herrscher Uranus, im Rausch der extremen Individualisierung, der Grenzenlosigkeit, der Freiheit von allen Regeln, der Freiheit von einer «von oben gesetzten Ordnung». Es ist richtig: Einmal angestossen, schlägt ein Pendel zunächst extrem aus, um sich nach einer Weile buchstäblich einzupendeln. Das Pendel des Wassermannzeitalters mit dem freiheitlichen Uranus tendiert vielleicht deshalb besonders ins Extrem, weil die Erinnerung an die stark reglementierte Zeit von Saturn als Herr von Steinbock noch präsent ist. Doch mit den wieder aufkommenden rechtsgerichteten, nationalen-populistischen Bestrebungen wird gleichzeitig der Ruf nach eben dieser alten Ordnung lauter, die Forderung, die Verhältnisse, wie sie mit Saturn als Herr von Steinbock waren, wiederherzustellen.

Sind wir für Wassermann und Uranus vielleicht noch gar nicht bereit? Brauchen wir noch Führung, obwohl sie von der überwiegenden Mehrheit abgelehnt wird? Brauchen wir noch «den Alten», den alten Herrscher von Wassermann – aber neu betrachtet?

Mit diesem Buch und mit der neuen Sichtweise von Saturn als letztem der irdischen und erstem der geistigen Planeten möchte ich ein Umdenken anstossen: von den sehr irdischen Auswirkungen des Saturn als Herr von Steinbock zu einem neuen Erleben von Saturn als altem Herrscher von Wassermann: Saturn als Begleiterin, als Führerin, als PUH RUH. Hin zu unserer eigenen inneren Richtschnur. Uns hinführend ins Erwachsenenleben – nicht mehr von aussen reglementiert, sondern von der inneren «wassermännischen Freiheit» und Leichtigkeit und *Gleichwertigkeit aller Menschen* angetrieben. Angetrieben, ihn, Saturn und seine Energie, von der starren, «irdischen» Steinbock-Sichtweise zu lösen und ihn mit der «geistigen» Leichtigkeit von Wassermann zu leben.

Damit wäre die Tür geöffnet und der
Weg über die Schwelle frei,
die bisher die beiden «Nachbarplaneten»
Saturn und Uranus getrennt hat.

Anhänge zur Vertiefung einzelner Themen

Anhang 1

Eigenschaften Saturns jenseits der Schwelle

Vielfach wurde in diesem Buch geschrieben, dass Saturn uns seine Energie zur Verfügung stellt, die wir dann nutzen können. In der folgenden Aufzählung verwende ich aber die uns vertraute Personalisierung – er tut …

Saturn …

- ***… bietet an, sich von ihm begleiten zu lassen, anstatt ihn zu fürchten.***
- … zeigt nicht, was oder wie wir gerne wären, sondern die tiefere Wahrheit – wie wir sind.
- … gibt die Stabilität und den Mut, uns anzuschauen und uns auch auszuhalten.
- … führt von «Ist das wahr? Ist das wirklich so?» zu «Es ist, wie es ist».
- … lehrt, auch etwas geschehen zu lassen und dabei «verortet» zu bleiben, seinen Platz beizubehalten.
- … führt zu PUH RUH, die, die weiss. Dadurch kann Kontakt zur Seele gefunden werden.
- … fragt: Was ist meine innere Wahrheit, nach der ich strebe zu leben?
- … führt zu eigenen inneren Regeln, zur eigenen Richtschnur in uns.
- … hilft bei der Ausbildung der Persönlichkeit, des Ich. Stützt die persönlichen Planeten und unterstützt dadurch die reife Nutzung ihrer Energien.
- … unterstützt, sich Wissen usw. langsam, aber solide zu erarbeiten.
- … schliesst Erde und Himmel ein; seine Energie erdet uns, damit wir uns zum Himmel hin öffnen können.

… hilft, den Wunsch nach Veränderung auch zu verwirklichen.

… erinnert an extrem wichtige Themen im Leben: die Grenzen, das rechte Mass und das Bedenken von Konsequenzen. Stabilisiert und festigt dadurch unseren Standpunkt.

… lehrt, sich einzulassen, aber sich dabei nicht vereinnahmen zu lassen.

… hilft uns, das Aussen zu begreifen und auf diesem Weg zur inneren Meisterschaft, also zur Wahrheit unserer Seele zu gelangen.

Anhang 2

Tipps zur Deutung von Neumondhoroskopen

Um die Übersicht zu behalten, wird in der Deutung folgende Reihenfolge vorgeschlagen:

- Hauptachsen und Häuserverteilung
- In welchen Zeichen sind die Häuser angeschnitten?
- In welchem Zeichen steht der Neumond?
- In welchem Haus steht er?
- Wie sind die Planeten in den Häusern verteilt?
- Welche Häuser werden durch die Planetenaspekte miteinander verbunden?

Die Aspekte selbst zwischen den Planeten sind natürlich mundan und damit nicht individuell und werden deshalb von mir nur benutzt, wenn eine Aspektverbindung auch im Radixhoroskop vorhanden ist; es muss aber nicht derselbe Aspekt sein.

Jedoch entstehen durch diese Aspekte Häuserverbindungen, dic allerdings wieder individuell sind. Werden die Häuser als Schauplatz für eine karmische Aufgabe der Seele betrachtet, sind die Verbindungen, die durch Planetenaspekte entstehen, sehr interessant und aufschlussreich. Denn die Häuser weisen auf die Bereiche im Leben des Menschen hin, in denen die Seele lernen und wirken möchte.

Anhang 3

«Rollenspiele» in den Häusern (Radix- und Neumondhoroskop)

Exkurs: Über Rollenwechsel

Rollen, die wir angenommen haben oder die uns aufgedrückt und von uns akzeptiert worden sind, können für uns angenehm oder belastend sein. Wird die Belastung zu gross, leiden wir darunter, dann ist es Zeit für einen Rollenwechsel. Doch in den meisten Fällen ist es nicht ganz einfach, im Aussen die Rolle zu wechseln, manchmal vielleicht sogar im Augenblick unmöglich. Doch immer ist ein Rollenwechsel im eigenen Innern möglich, ja eigentlich muss ein innerer Rollenwechsel einem äusseren vorausgehen.

Der erste Schritt ist, überhaupt einmal herauszufinden, welche Rolle ich in einem bestimmten Lebensbereich einnehme: Gefällt sie mir, habe ich sie selbst übernommen, das Drehbuch dazu selber geschrieben und führe ich Regie? Oder wurde sie mir aufgedrückt, das Drehbuch von anderen geschrieben, die auch Regie führen? Habe ich die aufgedrückte Rolle angenommen und füge ich mich der Regie der anderen?

Wenn ich die Rolle wechseln möchte, dann ist der zweite Schritt, herauszufinden, wie die neue Rolle aussehen soll, ob ich das Drehbuch neu schreiben oder umschreiben muss und wie die Regieanweisungen aussehen könnten.

Allein die Beschäftigung mit dem Gedanken, aus einer Rolle auszusteigen, verändert mich innerlich und die Betrachtungsweise meiner selbst und meiner Umgebung. Und je länger ich mich mit meiner neuen Rolle in Gedanken beschäftige, desto mehr verändert sich ganz allmählich meine Einstellung zu mir und damit auch mein Verhalten – ohne dass bis jetzt auch nur ein Wort zum Rollenwechsel nach aussen gedrungen wäre. Wenn ich meine Einstellung zu mir und zu meinem Verhalten verändere, werden sich langfristig auch die Einstellung und das Verhalten der Umgebung mir gegenüber verändern. Vielleicht (noch) nicht in dem Masse, wie ich es anstrebe, doch ein innerer

Rollenwechsel ist absolut eine Vorbereitung für einen äusseren. Gleichzeitig ist die Beschäftigung mit einem inneren Rollenwechsel eine wunderbare Übung, die Kreativität unseres fünften und die Träume unseres zwölften Hauses umzusetzen.

Im Folgenden sind für die einzelnen Lebensbereiche geeignete Fragen zur besseren Selbsterkenntnis zusammengestellt, wobei die erste Frage für jedes Haus dieselbe ist, nämlich nach der Rolle, in der wir das *Zeichen* leben, die dem Haus seine ganz eigene Färbung gibt. Ich habe häufig die Erfahrung gemacht, dass sich die meisten in der Deutung vorrangig mit den Planeten, ihren Häuserstellungen und ihren Aspekten beschäftigen, weniger mit den Zeichen. Dabei ist das Zeichen, in dem das Haus angeschnitten ist und das es färbt, so wichtig, weil es sich spürbar immer wieder im Alltag abbildet. Ist zum Beispiel ein Haus in einem Wasser-Zeichen angeschnitten, dann ist es wirklich so, dass wir im jeweiligen Lebensbereich stimmungsabhängig sind, gleichgültig, ob es das dritte, sechste oder zehnte Haus ist: Wir fühlen uns in diesen Bereichen dann wohl, wenn «die Stimmung stimmt» oder wenn wir in Stimmung sind. Da sind dann schon die Fragen erlaubt, welche Rolle wir dabei einnehmen, zum Beispiel die des Miesepeters, des furchtsamen Zögerers oder der Ulknudel, die alles schönfärbt. Oder walzen wir unachtsam über uns, unsere Stimmungen oder jene anderer hinweg?

Fragen für das erste Haus

- In welcher Rolle lebe ich das Zeichen, in dem Haus 1 angeschnitten ist?
- Zeige ich mich der Welt wie ich bin oder wie sie mich haben will? Wobei sich dieses «wie ich bin» zusammensetzt aus allen fünf persönlichen Planeten, einschliesslich des Aszendenten.
- Welche Rolle lebe ich in diesem Haus?
- Wurde sie mir von aussen aufgedrückt, habe ich sie akzeptiert? Habe ich sie freiwillig angenommen?
- Gefällt mir diese Rolle noch oder ist es Zeit für einen Rollenwechsel?

Diese Fragen gelten vor allem für Personen mit einer betonten Du-Hälfte, mit betonten Häusern 4, 6, 7, 8 und 12. Ebenfalls für Chiron in diesen Häusern sowie für Menschen mit Mond, Venus oder Neptun am absteigenden Mondknoten und mit absteigendem Mondknoten in Haus 7 oder für diejenigen, die in ihrer Kindheit daraufhin sozialisiert wurden, die Wünsche und Erwartungen der Umgebung zu erfüllen.

Fragen für das zweite Haus

- In welcher Rolle lebe ich das Zeichen, in dem Haus 2 angeschnitten ist?
- Ziehe ich mein Selbstverständnis aus der Rolle, die mir von anderen zugeteilt wurde?
- Habe ich eine Rolle angenommen, um mich selbst «wertvoll» zu fühlen? Um in meinen Selbstwert zu kommen?
- Brauche ich diese Rolle (noch), weil ich eine gute «Bewertung» durch andere Personen brauche?
- Inwieweit wird meine Rolle durch Werte geprägt: materielle, ethische, emotionale? Stimmt das für mich oder habe ich das übernommen?

Diese Fragen gelten vor allem für Personen mit einer betonten Du-Hälfte, besonders Haus 7, dem absteigenden Mondknoten in Haus 7 bzw. Haus 8 oder auch einem unreif gelebten Saturn in Haus 1, 2 oder 5 oder Chiron in den genannten Häusern. Ebenso für Menschen, deren Selbstwert durch die Sozialisation nachhaltig untergraben wurde, weil die Werte und Vorstellungen der anderen massgebend waren (sind?).

Fragen für das dritte Haus

a) das Umfeld, die Geschwister

- In welcher Rolle lebe ich das Zeichen, in dem Haus 3 angeschnitten ist?
- Welche Rolle hat mir *mein Umfeld* zugedacht? Habe ich sie angenommen?
- In welcher Rolle sehe *ich* mich in Bezug auf mein Umfeld? Ist sie noch passend?
- Was oder wen bezeichne ich als zu meinem Umfeld gehörend?
- Welche Rolle haben mir meine Geschwister zugedacht?

- In welcher Rolle sehen mich meine Eltern in Bezug auf meine Geschwister?
- Musste ich früh eine mutterähnliche Rolle in Bezug auf meine Geschwister übernehmen (gilt auch für Männer)?
- Ist es an der Zeit, hier einen Rollenwechsel einzuleiten? Oder gibt mir die Rolle etwas, gefällt sie mir?

b.) das Wissen, die Kommunikation

- Was für eine Rolle habe ich in Gesprächen? Bin ich die, die mehr (viel) redet, bin ich die, die mehr (viel) zuhört?
- Gefällt mir diese Rolle? Überhöre ich dabei vielleicht Infos und Botschaften anderer?
- Höre ich mir zu? Oder überhöre ich Botschaften von mir an mich?
- Lebe ich die Rolle derjenigen, die überall dabei sein muss?
- Bin ich in der Rolle der ewig Lernenden? In der Rolle der alles Wissenden?
- Was würde geschehen, wenn ich die Rolle verändern würde? Käme bei mir die Sorge auf, nicht mehr wahrgenommen zu werden?

Diese Fragen gelten vor allem für Personen mit einem betonten dritten oder vierten Haus, Merkur in Haus 3 sowie dem absteigenden Mondknoten, Chiron oder einem unreif gelebten Saturn in diesen Häusern.

Fragen für das vierte Haus

- In welcher Rolle lebe ich das Zeichen, in dem Haus 4 angeschnitten ist?
  Im vierten Haus ist die Rollenverteilung wohl am stärksten zu erkennen, denn innerhalb der Familie werden die Rollen sehr früh verteilt – manchmal schon vor der Geburt –, und manche davon bleiben ein Leben lang erhalten: Wir sind immer das Kind unserer Eltern, wir sind immer die Eltern unserer Kinder, wir sind Brüder, Schwestern, Tanten, Neffen …
  Besonders schwierig ist es auch, innerhalb der Familie einen Rollenwechsel vorzunehmen, denn die anderen sind meist so an unsere Rolle gewöhnt, dass es ihnen schwerfällt, uns daraus zu entlassen. Denn wenn wir unsere Rolle innerhalb einer Gemeinschaft

verändern, ist diese ebenfalls früher oder später gezwungen, ihre Rollen zu verändern. Das ist auf der einen Seite unbequem und auf der anderen Seite beängstigend.

So ist es überaus wichtig, darauf zu achten, dass *obwohl* wir die Rolle ein Leben lang haben, wir sie immer wieder überprüfen und mit einer anderen Energie füllen. Wir sind immer das Kind unserer Eltern oder die Eltern unseres Kindes, doch die jeweiligen Rollen müssen immer wieder mit neuem Leben gefüllt werden, müssen anders «gespielt» werden.

- Stimmt das Drehbuch für meine Rolle innerhalb der Familie noch?
- Werde ich in alten Rollenmustern festgehalten?
- Gefällt es mir, mich immer wieder in alte Muster hineinfallen zu lassen?
- Bin ich bereit, meine Rolle als Kind zu verändern, will ich wirklich erwachsen werden?
- Bin ich bereit, meine Rolle als Elternteil zu verändern und mein Kind erwachsen werden zu lassen?
- Bin ich bereit, die Rolle, die ich den anderen zugedacht habe, immer wieder zu überprüfen: ob sie noch wahr ist, ob sie noch wirklich so ist?

Diese Fragen gelten vor allem für Personen mit einem betonten dritten, vierten oder achten Haus, mit Chiron, dem absteigenden Mondknoten oder einem unreif gelebten Saturn in einem dieser Häuser.

Fragen für das fünfte Haus

- In welcher Rolle lebe ich das Zeichen, in dem Haus 5 angeschnitten ist?
- Welche Rolle nehme ich ein bei Spiel, Spass, Freude, Erotik, bei allem, was das Leben angenehm macht? Bin ich Spielführerin? Spielverderberin?
- Welche Rolle nehme ich ein, wenn Kreativität jeglicher Art gefragt ist? Die Rolle der «Ich kann das nicht, ich trau mich nicht, ich bin nicht gut genug»?
- Wie möchte ich mich und das, was ich kann, auf die Bühne bringen?

- Erlaube ich mir, mich und das, was ich kann, zu zeigen, oder bewerte ich mich in dieser Hinsicht immer noch nach den gleichen Kriterien, mit der ich in der Kindheit bewertet worden bin?
- Kann ich mich an mir und an dem, was ich kann, erfreuen?

Diese Fragen gelten vor allem für Personen mit einem betonten ersten, vierten, fünften oder achten Haus (Werte und Vorstellungen der Familie bzw. der Sippe). Oder mit Chiron, dem absteigenden Mondknoten, einem unreif gelebten Saturn in diesen Häusern. Ebenfalls für Menschen, die während ihrer Sozialisation stark kritisiert, reglementiert oder früh «in die Pflicht genommen» wurden (zum Beispiel mit Sprüchen wie «Erst die Arbeit, dann das Spiel» oder «Sei nicht so faul, so bequem»).

Fragen für das sechste Haus

- In welcher Rolle lebe ich das Zeichen, in dem Haus 6 angeschnitten ist?
- Welche Rolle möchte ich im Arbeitsbereich spielen? Welche Rolle wurde oder wird mir dort aufgedrückt? Habe ich sie akzeptiert? Leide ich darunter?
- Welche Rolle nehme ich im alltäglichen Leben ein? Gefällt sie mir? Habe ich sie mir ausgesucht, selbst auferlegt, oder wurde sie mir von aussen aufgedrückt?
- Gehe ich auf in der Rolle als Hausfrau (Hausmann), als Elternteil?
- Vergesse ich über dieser Rolle mich selbst?
  Gerade im Lebensbereich des Alltags kommen – leider immer noch – wir Frauen sehr häufig zu kurz. Rein aus gesellschaftlicher, uralter «Konvention» heraus wird schweigend *immer noch* davon ausgegangen, dass wir Beruf und Haushalt, Beruf und Kinder, Haushalt und Kinder, Pflege im Krankheitsfall, Pflege der Eltern, Pflege der Schwiegereltern usw. stillschweigend meistern. Hier treffen wir auf eine der übelsten Formen eines komplett unreif gelebten irdischen Saturns (hier als Herrscher von Steinbock), nämlich eine Last dem anderen aufzubürden, nach dem Motto «Die andere, der andere wird's schon schaffen». Ja, es ist alles schon viel besser geworden und das konventionelle Denken in dieser Hin-

sicht auch – aber *nein,* es ist noch lange nicht genug neu gedacht, neu gefühlt und neu umgesetzt worden!

Deshalb möchte ich gerade im Lebensbereich des sechsten Hauses anregen, genau hineinzuspüren, genau hineinzudenken in uns, welche Rolle wir als selbstverständlich annehmen, die nicht selbstverständlich ist. Und auch in der Beratung dieses sechste Haus bei unseren Klientinnen genau unter die Lupe zu nehmen; wir können das sechste Haus mit ihnen besprechen und sie dabei einesteils nach ihrer Rolle im beruflichen Leben fragen, aber ganz dezidiert auch nach ihrer Rolle im familiären Alltag.

- Ist es also vielleicht Zeit für einen Rollenwechsel?

Diese Fragen gelten vor allem für Personen mit einer betonten Du-Hälfte, insbesondere das sechste oder siebte Haus. Mit Chiron, absteigendem Mondknoten oder einem unreif gelebten Saturn in diesen beiden Häusern. Aber auch für Menschen, die darauf sozialisiert wurden, «brauchbar, nützlich und an die Umstände angepasst zu sein».

Fragen für das siebte Haus

- In welcher Rolle lebe ich das Zeichen, in dem Haus 7 angeschnitten ist?
- Welche Rolle nehme ich auf der Bühne des Du, der Beziehungen, der Partnerschaft ein?
- Ist es wirklich meine eigene, die ich frei gewählt habe und in der ich mich wohlfühle?
- Lebe ich vielleicht eine konventionelle Rolle als Frau oder als Mann, wie sie die Gesellschaft, das Umfeld, die Sippe und meine Herkunftsfamilie erwarten?
- Lebe ich gleichwertige Beziehungen auf Augenhöhe?
- Gebe ich mich bevorzugt hilfsbereit oder hilfsbedürftig, bin ich also meist die oder der Starke bzw. Schwache?
- Ziehe ich «magisch» Menschen an, die versuchen, mich auszunutzen?

Diese Fragen gelten vor allem für Personen mit einer betonten Du-Hälfte, insbesondere das siebte oder achte Haus. Mit Chiron, absteigendem Mondknoten oder einem unreif gelebten Saturn in diesen beiden Häusern sowie – ganz wichtig – Mond und/oder Venus am absteigenden Mondknoten. Auch für Menschen, die sich sehr nach Beziehungen bzw. einer Partnerschaft sehnen und bereit sind, dafür vieles von den eigenen Wünschen und Vorstellungen zu opfern. Ebenfalls für Menschen, die lieber im «gewohnten Elend» einer Beziehung verharren, als allein zu sein.

Ein Vorschlag wäre, sich sehr genau mit den Bedürfnissen, Wünschen und der Sehnsucht von Mond und Venus im Horoskop auseinanderzusetzen, vor allem mit der Frage, welche Rollen die beiden eigentlich spielen möchten, je nach Zeichen und Aspekten. Gleichsam einen «kleinen Rollenwechsel» vorzunehmen und auf diese Art und Weise sich erstens selbst besser kennenzulernen und zweitens wesentliche innere Anteile von sich selbst zum Ausdruck zu bringen. Um im obigen Bild zu bleiben: ein eigenes Drehbuch für Venus und Mond zu schreiben und die Regie zu übernehmen, denn die beiden Energien sind stets mit auf der Bühne, wo immer wir sind.

Fragen für das achte Haus

- In welcher Rolle lebe ich das Zeichen, in dem Haus 8 angeschnitten ist?
- Welche Rolle nehme ich in Bezug auf meine Sippe ein? Immer noch die, die mir die Sippe zugedacht hat, oder habe ich inzwischen meine eigene Rolle gefunden?
- Welche Rolle spielen die Werte der anderen in meinem Leben? Sind es auch meine?
- Welche Rolle spielen Macht und Ohnmacht in meinem Leben? Sehe ich mich in der Rolle der Machenden oder in der Rolle der Erleidenden?
- Welche Rolle nehme ich in Bezug auf Veränderungen ein? Die der ängstlich Festhaltenden oder die der Akzeptierenden?
- Befinde ich mich in einer abhängigen Rolle?

Diese Fragen gelten vor allem für Personen mit einem betonten achten oder auch neunten Haus, denn die Vorstellungen, Meinungen und auch Erwartungen, die wir im neunten Haus entwickeln, sind häufig hinderlich, im Lebensbereich des achten Hauses etwas zu verändern, weil wir es im neunten Haus eben häufig mit fixen Vorstellungen, festgefahrenen Meinungen und überzogenen Erwartungen zu tun haben.

Weiter spielen natürlich der absteigende Mondknoten, Chiron oder ein unreif gelebter Saturn in Haus 8 eine wesentliche Rolle.

Fragen für das neunte Haus

- In welcher Rolle lebe ich das Zeichen, in dem Haus 9 angeschnitten ist?
- In welcher Rolle sehe ich mich mit meinen Vorstellungen, Meinungen, meinem Weltbild? Weiss ich alles (besser)? Passe ich mich in dieser Hinsicht den anderen an?
- Finde ich meine Rolle in Gruppen oder Gemeinschaften, die «immer dagegen sind»?
- Sehe ich mich in der Rolle der ewigen Kritikerin, Nörglerin?
- Welche Rolle nehme ich gegenüber «ausländischen» Menschen ein?
- Bin ich in der Rolle der (Selbst-)Gerechten? Der ach so Toleranten, obwohl ich innerlich ganz anders denke?
- Hänge ich in der Rolle des «Was ich einmal gedacht habe, muss immer so bleiben»?
- Hänge ich in der Rolle der Prinzipienreiterin?

Diese Fragen gelten vor allem für Personen mit einem betonten neunten oder auch achten Haus. Ebenso wie dort spielen natürlich der absteigende Mondknoten, Chiron oder ein unreif gelebter Saturn in Haus 9 eine wesentliche Rolle.

Doch sie treffen auch zu für Menschen, die in ihrer Kindheit und Jugend durch die Sozialisierung keine eigene Meinung entwickeln konnten, ebenso für diejenigen, die mit ihrem Wissen im dritten Haus gleichsam hängengeblieben sind. Die ihren Meinungen, Vorstellungen und Erwartungen bis jetzt keinen eigenen Sinn gegeben, sondern sich der gängigen Meinung oder auch der Meinung von Gruppen angeschlossen haben, welche ihnen durch bestimmte Meinungen eine emotionale Heimat bieten.

Fragen für das zehnte Haus

- In welcher Rolle lebe ich das Zeichen, in dem Haus 10 angeschnitten ist?
- Welche Rolle nehme ich in der Gesellschaft ein? Bin ich in dieser Rolle ich selbst oder lebe ich die Rolle, die meine Familie mir zugedacht hat?
- Lebe ich eine Rolle, die vielleicht gar nicht zu mir passt, weil ich «dazugehören» möchte?
- Wie wichtig ist mir das, was «die anderen sagen»?
- Definiere ich mich ausschliesslich über meine berufliche Rolle? Wie geht es mir dabei? Arbeite ich *deshalb* zu viel?
- Halte ich mich innerhalb von Gesellschaften lieber im Hintergrund, weil ich mich weniger wert(voll) fühle? Weil ich denke, irgendetwas an mir sei «mangelhaft»?
- Fühle ich mich anderen innerhalb der Gesellschaft überlegen?

Diese Fragen gelten vor allem für Personen mit einem betonten zehnten oder auch ersten Haus *(→ siehe dazu auch «Fragen für das erste Haus» auf S. 182).* Vor allem aber, wenn der absteigende Mondknoten, Chiron oder ein unreif gelebter Saturn in Haus 10 zu finden sind.

Fragen für das elfte Haus

- In welcher Rolle lebe ich das Zeichen, in dem Haus 11 angeschnitten ist?
- Welche Rolle lebe ich in Gruppen, Freundschaften oder auch Teams? Die der Führenden oder die des Mitglieds, der Mitläuferin? Gefällt mir meine Rolle, oder hätte ich gern eine andere? Welche?
- Was ist der Grund, dass ich in der ungeliebten Rolle verharre? Um dazuzugehören?
- Habe ich in Gruppen oder Teams die Rolle der Versorgenden, der Helfenden übernommen? Ist sie mir aufgedrängt worden, oder habe ich sie freiwillig eingenommen? Aus welchem Grund?
- Bin ich in Freundschaften diejenige, die immer für andere da ist? Aus welchem Grund? Tut mir das gut?

- Fühle ich mich in Gruppen eher in der Opferrolle, in der Rolle der Aussenstehenden, der Ausgeschlossenen?
- Bin ich in der Rolle des «Gruppenschrecks»? In der Rolle derjenigen, die immer eine Extrawurst braucht?
- Welche Gruppen von Gleichgesinnten ziehen mich an? Tun sie mir gut?

Diese Fragen gelten vor allem für Personen mit einem betonten elften oder auch fünften Haus. Vor allem aber, wenn der absteigende Mondknoten, Chiron oder ein unreif gelebter Saturn in Haus 11 zu finden ist. Sie gelten auch für Menschen, die sich stark mit Gruppen oder Gruppierungen identifizieren oder sich sogar darüber definieren, die ihnen zwar eine emotionale Heimat bieten, aber vielleicht nicht gut für die Entwicklung der Persönlichkeit sind.

Fragen für das zwölfte Haus

- In welcher Rolle lebe ich das Zeichen, in dem Haus 12 angeschnitten ist?
- Habe ich einen guten Kontakt zu meiner Intuition und nutze ich ihn auch?
- Welche Rolle spielen das Künstlerische, das Musische, meine Fantasie und meine Träume in meinem Leben? Dürfen sie bei mir lebendig sein?
- Kann ich mich mit meiner Spiritualität vertraut machen, oder fürchte ich mich eher davor?
- Lebe ich die Rolle derjenigen, die alles unter den Teppich kehrt?
- Bin ich in der Rolle derjenigen, die nicht Nein sagen, sich nicht abgrenzen kann?
- Lebe ich die Rolle derjenigen, die im Irdischen nicht «ankommen» mag? Die sehnsüchtig auf «irgendetwas» wartet?
- Die darauf wartet, dass sich Planeten, die in diesem Lebensbereich stehen, «entfalten», ohne selber etwas dazu beitragen zu müssen?
- Die eher alles auf sich zukommen lässt, als die Initiative zu ergreifen?

Diese Fragen gelten vor allem für Personen mit einem betonten zwölften Haus, besonders wenn der absteigende Mondknoten, Chiron oder ein unreif gelebter Saturn in diesen Haus zu finden ist. Doch es ist wichtig, auch das neunte Haus zu beachten. Es hat hier insofern Einfluss, als es unsere Meinungen und Vorstellungen aufzeigt. Besonders wenn das neunte Haus in einem fixen Zeichen angeschnitten ist oder Pluto bzw. Saturn in diesem Haus zu finden sind. Denn dann ist die Gefahr gross, dass wir an bestimmten Meinungen und Vorstellungen (auch über die Inhalte des zwölften Hauses) haften, die unter Umständen nicht einmal unsere eigenen sind.

Die Fragen gelten auch für Menschen, denen in der Kindheit alles «ausgetrieben wurde», was nicht im Irdischen belegbar war. Die als Kinder ihre Verbundenheit mit der Geistigen Welt nicht leben konnten. Oder auch für Menschen, die auf das rein Rationale sozialisiert wurden.

Anhang 4

Uranus, Neptun und Pluto in den Häusern

Uranus, Neptun oder Pluto in einem Haus bedeutet für diesen Lebensbereich immer ein kleiner Paukenschlag, denn die drei geistigen Planeten bringen in jedem Fall karmische Erfahrungen mit sich, die von der Seele im Umfeld dieses Lebensbereichs bearbeitet werden möchten. Werden die geistigen Planeten im *karmischen* Kontext gedeutet, dann ist auch das Zeichen, in dem sie stehen – im Gegensatz zum Radix –, persönlich aussagekräftig. Die Seele möchte es gleichsam in die Nutzung der Planetenenergie mit einfliessen lassen.

Uranus

Handelt es sich um Uranus, dann geht es der Seele wahrscheinlich darum, eine tiefere Erkenntnis über sich selbst in diesem Lebensbereich zu erlangen. Die Schwerpunkte des Erkennens sind sicher die Einzigartigkeit, die Besonderheit und die Freiheit des Individuums.

Mit Uranus rücken folgende Fragen ins Zentrum:

- Welche Rolle gebe ich Uranus in meinem Leben?
- Welche uranische Rolle wird mir von anderen zugeschrieben?
- Welche uranische Rolle lebe ich selbst?
- Erkenne ich meine Besonderheit in meiner Einzigartigkeit?

- Begreife ich, dass es mich mit meiner karmischen und seelischen Ausstattung und Erfahrung nur einmal auf dieser Welt gibt?
- Erkenne ich, dass ich dadurch «besonders» bin – *ebenso* wie jede andere Person auf *ihre* Art besonders und einzigartig ist?
- Lässt mich diese Erkenntnis hochmütig oder demütig werden vor der Grösse des Lebens?
- Erkenne ich die Verantwortung, die in dieser Einzigartigkeit und Besonderheit liegt und nehme ich sie an?
- Nehme ich mir die Freiheit, meine eigene Art, meine Eigen-Art zu leben, *ohne* andere Menschen dadurch in *ihrer* eigenen Art zu behindern?

Neptun

Mit Neptun im Haus kann generell vermutet werden, dass der Betroffene sehr häufig darunter leidet, von anderen im entsprechenden Lebensbereich nicht in adäquater Weise wahrgenommen zu werden.

Mit Neptun ist es ratsam, sich folgende Fragen zu stellen:

- Nehme *ich* mich in diesem Lebensbereich wahr? Wie, auf welche Weise?
- Auf welche Weise versuche ich, *von anderen* wahrgenommen zu werden?
- Vielleicht durch eine aufopfernde Rolle?
- Vielleicht indem ich anderen meine Hilfe aufdränge?
- Welchen «Gewinn» habe ich dadurch? Was passiert, wenn ich dieses Aufdrängen lasse?
- Habe ich in diesem Haus eine Art Tarnkappe aufgesetzt, um in Ruhe gelassen zu werden?
- Aus welchem Grund? Macht mir in diesem Lebensbereich etwas Angst?
- Welche Rolle gebe ich Neptun in meinem Leben?
- Welche Neptun-Rolle spiele ich am liebsten? Die Naive, die Verwirrte, die Spirituelle, die alles Liebende, die Aufopfernde, die Hilflose ...?

Pluto

Mit Pluto im Haus rücken folgende Fragen für den entsprechenden Lebensbereich ins Zentrum:

- Welche Rolle wird mir in dem Lebensbereich mit Pluto von anderen zugeteilt? Nehme ich sie an oder lehne ich sie ab?
- In welcher Rolle sehe ich mich hier? In der mächtigen oder in der ohnmächtigen?
- Bin ich in der Rolle des Rivalisierenden oder begegnen mir überall Rivalen im Äusseren?
- Muss ich in diesem Lebensbereich wirklich immer kämpfen?

Bekanntlich können wir in dem Haus, in dem Pluto steht, die grösste Veränderung erfahren:

- Wie kann ich die Pluto-Energie nutzen, um Veränderungen herbeizuführen?
- Oder fehlt mir der Mut dazu?
- Wo erlebe ich in diesem Lebensbereich Fixierungen? Wo werde ich fixiert, woran klebe ich?

Anhang 5

An den Schattenseiten arbeiten

Generell kann gesagt werden, dass jeder unreife Umgang mit den Planetenenergien eine Schattenseite aufzeigen kann. Wobei ich die unreife Nutzung erst ab dem ersten Saturn-Return überhaupt als Schattenseite ansehen möchte. Denn gerade dieser erste Return kann ja als innere Aufforderung gesehen werden, sowohl Verantwortung für sich selbst in Gedanken, Gefühlen und Handlungen zu übernehmen als auch Verantwortung für das Wohlergehen anderer.

Ab diesem Zeitpunkt beginnt für mich auch die Übung, die eigenen Schattenseiten nicht in anderen zu sehen, sondern bei sich selbst zu suchen und, im besten Fall, zu integrieren. Also sowohl die eigenen Licht- als auch Schattenseiten kennenzulernen.

Wenn wir unseren Schattenseiten auf die Spur kommen und den Mut aufbringen, sie offen anzuschauen, ehrlich mit uns zu sein und dann an ihnen zu arbeiten, ist die Saturn-Energie eine starke Hilfe –

und damit meine ich nicht nur den Saturn im Horoskop, sondern auch seine Begleitung jenseits der Schwelle, hin zu unserer eigenen inneren Richtschnur. Seine Energie bietet uns die Möglichkeit, über uns die Wahrheit zu erfahren und Verantwortung zu übernehmen für uns und unser Verhalten. Und – das Beste – sie hält uns an, massvoll zu bleiben, nicht zu übertreiben. Weder in der «Verurteilung», wie schlimm unsere Schatten doch seien, noch in der «Ausübung», wenn wir sie ins Licht holen.

Im Laufe der Jahre hat mich die Erfahrung Folgendes gelehrt:

Auch wenn wir die Schattenseite einer Planetenenergie in uns nicht sehen wollen, liegt ganz tief in uns ein verborgenes, unerfülltes Sehnen, diese Energie in ihrer ganzen Fülle nach aussen zu bringen. Da wir uns aber nicht sicher sind, ob wir sie in ihrer heilsamen oder ihrer unheilsamen Weise leben werden, unterdrücken wir sie und bewundern sie in der Folge an anderen oder aber lehnen sie genau dort ab.

Steht nun ein Planet an einem exponierten «Schattenpunkt», zum Beispiel in der Radix am absteigenden Mondknoten, ist unaspektiert, steht in Haus 8 oder Haus 12 oder im Karmischen Neumondhoroskop an einer Hauptachse, halte ich es für sehr wahrscheinlich, dass die Seele sich Aufgaben mit diesen Schattenseiten «mitgebracht» hat in dieses Leben. Aber Vorsicht vor schnellen Zuschreibungen bei anderen Menschen, wir befinden uns hier im Bereich der Spekulation und können nur vom Horoskopeigner erfahren, ob er sich in den vermuteten Zusammenhängen wiederfindet.

Wird die Schattenseite im Zusammenhang mit Karma betrachtet, kann davon ausgegangen werden, dass sie sicher in früheren Inkarnationen einmal die Ursache für eine Wirkung gewesen ist, die entweder für uns oder für andere unheilvoll war. Die Seele, die diese Erfahrung mitbringt, geht mit der Schattenseite dieser Planetenenergie sehr vorsichtig um, während die Persönlichkeit, unser Ich, die tiefe Sehnsucht entwickelt, genau diese Energie in ihrer Fülle zu leben.

Nehmen wir zum Beispiel den Aspekt ***Sonne am absteigenden Mondknoten***, mit dem wir uns in einem früheren Leben vielleicht einmal vollkommen rücksichtslos und um jeden Preis in den Mittelpunkt gestellt haben. Die tief verborgene Sehnsucht in diesem Leben jetzt ist, wieder optimale Geltung und grosses Ansehen zu erlangen.

Unsere Seele bringt also die Erfahrung des Missbrauchs mit sich und möchte in diesem Leben vorsichtiger damit umgehen, in unserer Psyche aber ruht ein drängendes Geltungsbedürfnis. Nehmen sich jetzt andere Menschen diesen Raum, um ihre Sonne «optimal scheinen zu lassen», oder wird ihnen dies vom Umfeld per se zuerkannt, dann reagieren wir ablehnend oder sogar feindlich. Denn andere erlauben sich etwas, das tief in uns selbst ersehnt wird, wir aber in den Schatten verdrängt haben, aus Sorge, wieder missbräuchlich damit umzugehen, und es uns deshalb verwehren.

Die andere Möglichkeit wäre, dass wir andere für diese Fähigkeit bewundern, welche wir, unserer Meinung nach, nicht haben oder gar nicht haben wollen. Damit aber belügen wir uns selbst, solange wir uns nicht mit unseren Schattenthemen beschäftigt haben.

Dabei – und das ist wichtig – ist der Wunsch nach Geltung und Ansehen keine Schattenseite, ebenso wie vielleicht der mit Merkur verbundene Wunsch, sein gesamtes Wissen überall zu zeigen und dafür besonders beachtet oder gar bewundert zu werden. Der Schatten zeigt sich bei persönlichen Planeten in der Hauptsache dann, wenn ein Aspekt zu einem karmischen Punkt besteht, wie zum Beispiel durch die Verbindung mit einem der drei geistigen Planeten. Denn Uranus, Neptun und Pluto sind in jedem Fall mit Karma verbunden, ebenso wie in den allermeisten Fällen Saturn. Es kann jedoch auch eine Verbindung von zwei persönlichen Planeten durch einen Spannungsaspekt sehr wohl eine Schattenseite hervorrufen. Zum Beispiel Merkur Quadrat Mars, bei dem ein verborgenes Sehnen vorhanden sein kann, dass das Gesagte eine gewisse Durchschlagskraft hat, also möglichst sofort umgesetzt wird, sonst …

Drei Hinweise auf oder Kriterien für Schattenseiten können als sicher angesehen werden:

1. Es besteht ein verborgenes, tiefes Sehnen nach dieser Qualität.
2. Die jeweilige Planetenenergie möchte «um jeden Preis» genutzt werden.
3. Es existiert ein unausgesprochenes Verbot, das Entsprechende zu tun, aus karmischen Gründen oder aus Gründen der Sozialisation.

Zum leichteren Verständnis einer typischen Schattenseite möchte ich im Folgenden *jeweils nur ein oder zwei Beispiele* dieses verborgenen Sehnens anführen, dazu die entsprechende Planetenenergie, die «um jeden Preis genutzt werden» möchte. Die Auswirkungen ähneln naturgemäss der unreifen Nutzung der Planetenenergie, sind jedoch drängender und tiefer vergraben und werden daher häufig an andere Menschen «ausgelagert» und dort verurteilt und bekämpft.

Die Schattenseite der **Sonne** kann sich im Sehnen und im unbedingten Drang zeigen: zur Geltung zu kommen; gesehen zu werden; ein hohes Ansehen zu gewinnen; in welchem Bereich auch immer Karriere zu machen (so mancher Betrüger oder Hochstapler macht mithilfe der Schattenseite seiner Sonne eine beachtliche, wenn auch zweifelhafte Karriere).

Die Schattenseite kann sich beim **Mond** im Sehnen und im unbedingten Drang zeigen: ausschliesslich nach der Erfüllung seiner (überzogenen) Bedürfnisse zu streben; sich von Stimmungen treiben zu lassen; ewig ein Kind zu bleiben; sich die Liebe anderer «zu kaufen» oder «zu ergaunern».

Die Schattenseite kann sich bei **Merkur** im Sehnen und im unbedingten Drang zeigen: einem kaum zu bremsenden Redefluss zu frönen, der das eigene Wissen und die eigene Meinung ungefragt über alles andere stellt; dem eigenen Vorteil unter allen, auch unredlichen Umständen Priorität einzuräumen.

Die Schattenseite kann sich bei **Venus** im Sehnen und im unbedingten Drang zeigen: nach bleibender makelloser körperlicher Schönheit zu streben; in einem emotionalen und materiellen Haben- und vor allem Behaltenwollen; in einer ständigen Suche nach Beziehungen, die zu einer Beziehungssucht anwachsen kann.

Die Schattenseite kann sich bei **Mars** im Sehnen und im unbedingten Drang zeigen: rücksichtslos und auch aggressiv den eigenen Willen durchzusetzen; die eigene Triebstruktur ungehemmt zu leben, unter Umständen bis hin zu sexuellem Fehlverhalten.

Die Schattenseite kann sich bei **Jupiter** im Sehnen und im unbedingten Drang zeigen: Grandiositätsfantasien auszuleben; eine unter Umständen beziehungszerstörende Besserwisserei zu pflegen; einer fanatischen Suche nach einem Sinn nachzugehen; eine fanatische Ideologie, die fast ausschliesslich um eine persönliche «Wahrheit» kreist, zu vertreten.

Die Schattenseite kann sich bei **Saturn** im Sehnen und im unbedingten Drang zeigen: zwanghaft nach Sicherheit zu streben – mittels Gesetz und Ordnung, Regeln und Rituale; als Autorität wahrgenommen zu werden, was zu autoritärem Verhalten führen kann und sich auch als Wunsch nach einem autoritär geführten «Rechtsstaat» zeigen kann.

Die Schattenseite kann sich bei **Uranus** im Sehnen und im unbedingten Drang zeigen: nach absoluter Erkenntnis zu streben (was sich vor allem im wissenschaftlichen, nicht mehr ganz ethischen Bereich äussern kann); eine Sucht nach «persönlicher Freiheit» zu entwickeln, auch auf Kosten anderer (vielleicht im Zusammenhang mit einem inneren Rebellenverhalten, das die Konsequenzen nicht bedenkt).

Die Schattenseite kann sich bei **Neptun** im Sehnen und im unbedingten Drang zeigen: ein schier grenzenloses Bedürfnis nach einer heilen Welt zu haben, nach der man immer sucht und in die man sich ungefährdet fallen lassen will (dieses Bedürfnis trägt nicht selten dazu bei, auf eine nicht ganz redliche Weise im Fluss des Lebens, das heisst der Gesellschaft mitzuschwimmen, zum Beispiel durch Suchtverhalten, Hehlerei, Betrügerei oder Ähnliches).

Die Schattenseite kann sich bei **Pluto** im Sehnen und im unbedingten Drang zeigen: einem tief verborgenen Wunsch nach Machtausübung nachzugeben («tief verborgen», weil «Macht» im Allgemeinen so stark negativ besetzt ist).

Um es jenen, die beim Ausdruck «Macht» sofort zurückzucken, etwas leichter zu machen: Ich spreche hier von der Kraft, die etwas machtvoll bewirken kann. Macht ist, meiner Beobachtung nach, ein stark verdrängtes Schattenthema von wahrhaft vielen Menschen, die Macht nur auf Machtmissbrauch einengen. Doch mächtig zu sein ist eines der grössten Geschenke in diesem Leben, um wirklich Heilsames bewirken zu können. Dies bitte ich zu bedenken.

Die Energien der drei geistigen Planeten sind, auch mit besten Absichten, für unser Ego, unsere Persönlichkeit und damit für unsere Psyche «gefährlich». Denn wir können durch unser Sehnen nach Macht und «mächtig sein», danach, etwas Grosses zu bewirken, verführt werden, die Mächtigkeit dieser drei Energien zu missbrauchen. Die Gefahr der Verführbarkeit im Zusammenhang mit der Aussicht auf Machtgewinn ist gross.

Die oben genannten drei Kriterien für Schattenseiten können prinzipiell auf jeden Planeten und jede Konstellation im Horoskop zutreffen. Es ist jedoch unzulässig, eine Schattenseite ins Horoskop *hineinzudeuten.* Durch geeignete Fragen *muss herausgearbeitet werden,* ob es sich hierbei wirklich um eine Schattenseite handelt. Dabei zeigt sich auch wieder deutlich, ob die unreife, unheilsame oder aber die reife, heilsame Nutzung der Saturn-Energie diesseits der Schwelle gelebt wird:

- Mit der unreifen Nutzung seiner Energie heisst es: *«So ist es!»*
- Mit der reifen Nutzung seiner Energie heisst es: *«Ist das wahr? Ist das wirklich so?»*

Anhang 6

Mitgefühl

Mitgefühl ist etwas anderes als Empathie oder Einfühlungsvermögen:

Empathie heisst, zu fühlen, *was* die andere Person fühlt.

Mitgefühl heisst, *mit* der anderen Person zu fühlen.

Einfühlungsvermögen oder *Empathie* ist eine wunderbare Eigenschaft, jedoch ist es bei diesem Gefühl wirklich wichtig, zu erfragen, ob das, was man meint beim anderen zu fühlen, auch stimmt. Denn zunächst ist das, was wir fühlen, ein Gefühl *in uns*, das es zu trennen gilt in ein eigenes Gefühl und in jenes des anderen. Da die Emotion aber häufig unmittelbar und ungeprüft dem anderen zugeschrieben wird, stülpen wir das, was wir meinen *beim anderen* zu fühlen, ihm einfach über. Hier ist die reif gelebte Saturn-Energie wahrhaft notwendig, mit ihren Fragen: «Ist das wahr? Ist das wirklich so?». Denn die Erfahrung zeigt, dass die allermeisten empathischen Menschen per se davon ausgehen, dass das, was sie bei einer anderen Person fühlen, auch für diese wirklich so ist.

Eine weitere «Gefahr» bei einem starken Einfühlungsvermögen ist das Mitleid, also «mit zu leiden». Wenn wir mit der anderen Person mitleiden, dann laufen wir Gefahr, handlungsunfähig zu werden. Denn wer in einer starken Emotion steckt und zudem noch an ihr leidet, dessen klare Handlungsfähigkeit ist meist ziemlich eingeschränkt.

Ausserdem hat Empathie häufig eine belastende emotionale Reaktion der empathischen Person zur Folge. Wenn diese zum Beispiel das glücklich-stolze Gefühl der anderen Person spürt, kann bei ihr selbst Schmerz, Neid, Eifersucht, ja sogar Missgunst entstehen.

Ganz anders ist es beim *Mitgefühl*, wie es im Buddhismus verstanden wird – dieses Mitgefühl (Karuna) wird getragen von zwei Gewissheiten:

Alle fühlenden Wesen haben zwei Gemeinsamkeiten:
sie leiden und
sie streben nach Glück und Zufriedenheit.

So gilt, dass die andere Person, das andere Wesen, ohne Unterschied *genauso leidet wie ich* und dass sie *genauso wie ich* nach Glück und Zufriedenheit strebt. Das Leiden mag sehr unterschiedlich sein, doch es geht im Grundsatz fast immer darum, etwas zu haben, das man nicht will, oder etwas nicht zu haben, das man gerne hätte. Erst wenn wir Menschen aus diesem «Teufelskreis» aussteigen können, sind wir von Samsara, vom Leid, befreit.

Das ist der Grund, warum buddhistisch Praktizierende versuchen, mit allen Wesen mitzufühlen, sei es ein Mensch, ein Tier in Not, sei es ein Kranker oder ein brutaler Herrscher oder sei es die Fliege, die immer wieder bis zur Erschöpfung gegen das Fenster fliegt, um in die Freiheit zu kommen. Sie *fühlen sich nicht ein* – und das ist der Unterschied zu Empathie –, sondern *sie fühlen mit* dem anderen, dass er leidet, dass er nach Glück strebt *wie sie selbst*. Und aus diesem Mitgefühl heraus versuchen sie, in «wohlwollender Güte» zu denken, zu fühlen und zu handeln.

Um es näher zu erklären, wird nachfolgend der Ablauf einer Interaktion aus buddhistischer Sicht angefügt:

1. Mitgefühl
2. Positive Verstärkung
3. Regieanweisungen

1. Mitgefühl

- Das Mitgefühl wird gespeist aus dem klaren, wohlwollenden Bewusstsein, dass die andere Person ebenso nach tiefer Zufriedenheit und Sicherheit strebt wie wir selbst.
- Und es wird gespeist aus dem Wissen, dass das «karmische Vermögen» sowohl *unser* Denken, Reden, Handeln und die Emotionalität bestimmt als auch *das der anderen Person.* Echtes Mitgefühl im Sinne des Buddhismus hat stets Wohlwollen dem anderen gegenüber zur Folge.

(→ *Siehe auch «Anhang 8 – Karmisches Vermögen», auf S. 203.)*

2. Positive Verstärkung

Hierbei geht es darum, meine Wahrnehmung auf das Positive zu richten, sowohl auf das der anderen Person als auch auf das in mir und in der Situation.

3. Regieanweisungen

Um zu verhindern, dass ich empathisch die Gefühle der anderen Person – bis hin zu(m) Mitleid(en) – übernehme, ist es absolut notwendig, dass ...

... ich mir bewusst bin, dass es *allein an mir* liegt, welche Gefühls-Anteile der *anderen Person* ich im augenblicklichen Geschehen «auftreten lasse»;

... *ich* entscheide, welche Gefühls-Anteile von *mir* in diesem Stück mitspielen dürfen;

... *ich* Regie führe und dass *ich* verhindern kann, dass einzelne Anteile von mir die Regie übernehmen.

Es geht bei dieser Art von Interaktion also sehr klar darum, die andere Person in ihren Emotionen zu begleiten, wohlwollend ihr zugewandt zu sein, doch dabei weder ihre Gefühle zu übernehmen noch eigene emotionale Reaktionen *unkontrolliert* zuzulassen.

Diese Art der Interaktion ist vor allem auch in Beratungssituationen wichtig und sollte als Grundwissen in den Beraterausbildungen vermittelt werden.

Anhang 7

Glaubenssätze ändern

Wie im Abschnitt «Der vierte Wegweiser – Glaubenssätze werden geändert» auf S. 117 und an anderen Stellen dieses Buches beschrieben, kann unser Verhalten von starken Glaubenssätzen geprägt sein, die uns belasten. Doch wenn wir – auch mithilfe des Horoskops – solche Glaubenssätze, die uns belasten, gefunden haben, besteht die Möglichkeit, sie positiv zu verändern. Wichtig ist, dass der jeweilige Glaubenssatz möglichst *kurz* und ohne oder mit höchstens einem Komma gebildet wird.

Zum Beispiel wäre der Satz «Ich werde nicht geliebt, weil ich nicht richtig bin» von der Länge her zulässig. Er könnte jedoch reduziert werden auf «Ich werde nicht geliebt» oder auf «Ich bin nicht richtig». Wobei das *Gefühl* wesentlich ist, um zu erspüren, welche der beiden Aussagen *die tieferliegende ist.* Es geht dabei nämlich darum, den letztendlichen, sozusagen «tiefsten» Glaubenssatz zu finden – jenen, der die Emotionen, die Gedanken und das Verhalten prägt. Und dieser Satz ist immer einfach strukturiert, wenn auch tiefgreifend in seiner Aussage. Ist es der «richtige» Satz, wird er stets von einem Gefühl begleitet sein.

Die Methode der Glaubenssatzänderung, die ich hier anbiete, ist eine Abwandlung und Erweiterung einer Methode, um Bindungen zu lösen, die ich durch Phyllis Krystal und ihr Buch DIE FESSELN DES KARMA SPRENGEN (Sheema Verlag, Bad Endorf 2022) kennengelernt habe.

Ich empfehle, ein Ritual aus der Änderung unseres Glaubenssatzes zu machen, im tiefen Wissen, dass etwas Aussergewöhnliches geschehen darf:

- Der gefundene kurze Satz wird in die Mitte eines DIN-A4-Blattes geschrieben, gross und gut sichtbar. Dann werden die Wörter, Buchstabe für Buchstabe, mit einem schwarzen Stift übermalt und vollkommen ausgelöscht, unleserlich gemacht.
- Sodann wird das A4-Blatt in kleine Teile geschnitten und vernichtet, und zwar durch Erde, Feuer, Wasser oder Luft: Es kann vergraben werden, es kann verbrannt werden oder es kann dem Wasser oder dem Wind übergeben werden.
- Danach empfehle ich, *mindestens* einen Tag und eine Nacht ohne diesen Glaubenssatz zu verbringen.
- Danach wird ein neuer Glaubenssatz gebildet, der sich unbedingt auf den alten beziehen muss, soll heissen, er muss gleichsam das Gegenstück zum alten sein. Hiess der alte Glaubenssatz zum Beispiel «Ich bin nicht richtig», heisst der neue «Ich bin richtig, so wie ich bin». Der neue Glaubenssatz muss ebenso kurz und knackig sein wie der alte.
- Als Nächstes wird auf einem neuen Blatt mit wunderschönen bunten Farbstiften der neue Glaubenssatz aufgeschrieben und ins Leben gebracht. Empfehlenswert ist, mit diesem neuen Glaubenssatz viel Zeit zu verbringen, sich ihn zum Beispiel überall in der Wohnung aufzuhängen, auf einen ganz kleinen Zettel zu schreiben und in die Geldbörse zu stecken, um ihn immer bei sich zu tragen, sich ihn immer wieder vorzusagen, ihn zu singen, über ihn zu meditieren, ein Tagebuch mit dem neuen Satz beginnen usw.
- Wenn der Geist, die Seele und das innere Kind immer wieder den neuen Glaubenssatz «hören», wird unsere Persönlichkeit beginnen danach zu leben.

Anhang 8

Karmisches Vermögen

Die buddhistische Lehre geht davon aus, dass der Geist (aus westlicher Sicht die Seele) während der «Planung» seiner nächsten Inkarnation sich seine karmische Ausstattung, sein karmisches Rüstzeug zusammenstellt, entsprechend seinen Aufgaben und Vorhaben als inkarniertes Wesen. Dazu gehören zum Bei-

spiel die Eltern, der Ort und damit das Umfeld, die körperliche, geistige und emotionale Ausstattung und natürlich die Zeit, astrologisch ausgedrückt das Horoskop. Hat der Geist vor, im nepalesischen Hochland oder in Sibirien am Rand des Eismeeres zu inkarnieren, braucht er sehr wahrscheinlich eine andere körperliche und emotionale Ausstattung als hier in Europa in einer Grossstadt. Werden dieser Gedanke und diese Theorie weiterverfolgt, dann kann davon ausgegangen werden, dass jede Person hier mit einer ganz eigenen karmischen Ausstattung unterwegs ist und, wie die buddhistische Lehre sagt, genau nach diesem «karmischen Vermögen» denkt und handelt.

Begründend darauf gibt jede Person «ihr Bestes», entsprechend ihrem karmischen Vermögen.

Aus: Christl Oelmann, DIE KARMISCHEN ABSICHTEN DER SEELE, Edition Astrodata, Wettswil/Schweiz 2021, S. 31 f.

Sehe ich diese buddhistischen Lehren im Zusammenhang mit Astrologie, dann taucht bei mir die Frage auf, was auf karmisches «Unvermögen» zurückzuführen ist und was auf Anhaftung an Deutungen aus der astrologischen Lehre. Ich erinnere mich an eine Frau, die sich seit ungefähr 30 Jahren mit Astrologie beschäftigt. Sie nennt eine Sonne/Pluto-Konjunktion in Löwe und einen Mars in Fische im Horoskop «ihr eigen». Als wenn es keine anderen Planeten im Horoskop gäbe, hängt sie nur dem Mars an und nutzt diese Energie auf eine absolut unheilsame Weise, von der sie sich aber auch nicht lösen kann, weil sie «halt eben diesen Mars in Fische hat». Dieser Mars hindert sie – ihrer Ansicht nach – daran, in irgendeiner Weise aktiv zu werden und überhaupt den Versuch zu starten, ihre Sonne/Pluto-Konjunktion zu leben. Nachdem jetzt einige Jahre lang Neptun über den Mars gelaufen ist, wurde sie in beinahe jeder Hinsicht absolut inaktiv und geriet in eine fast depressive Verstimmung. So, wie ich sie kennenlernen durfte, glaube ich nicht, dass diese Sicht- und Lebensweise auf karmisches Vermögen oder auch Unvermögen zurückzuführen ist, sondern ich glaube, dass es sich hier um die Geisteshaltung «Anhaftung» handelt, und zwar in diesem Fall an einmal gelernte astrologische Deutungen.

Nicht so sehr für die Menschen, die als Klienten zu uns kommen und nicht astrologisch bewandert sind, ist diese Anhaftung an einmal Gelerntes «gefährlich», sondern gerade für die astrologischen Fachleute selbst. Dieses «Ich bin so, weil es im Horoskop steht» kann zu einer wirklichen Lähmung führen – sei es nun, weil es bequem ist, sei es nun, weil dann das Horoskop daran schuld ist, dass ich so bin, wie ich bin, und nicht ich selbst, sei es nun, weil mein Schicksal mich zu diesem Zeitpunkt auf die Welt hat kommen lassen, oder sei es aus Angst vor Veränderung.

Ich denke aber, dass solches nicht aus einer karmischen Absicht der Seele heraus geschieht, denn ich bin der festen Überzeugung, dass die Seele im Leben *alle* Horoskopfaktoren leben und nicht an einzelnen Konstellationen hängen bleiben möchte.

Christl Oelmann

Angstmuster im Horoskop

Ängste erkennen und bewältigen

Wann immer wir uns vor etwas fürchten, uns Sorgen machen oder starke Unsicherheiten verspüren, ist das wie ein Aufruf – etwas in uns möchte gesehen, möchte verändert werden. Es ist ein unerlöster Seelenanteil, der sich über Angst bemerkbar macht.

Dieses Buch beleuchtet einerseits unsere Angstmuster in Verbindung mit astrologischen Konstellationen des Horoskops: Das heisst, jene Faktoren, die im Horoskop angstbesetzt sein können, werden hier eingehend behandelt, insbesondere die Planeten inklusive Chiron, die Mondknotenachse und die vier Elemente. Andererseits stellt es aber auch psychologische Hilfen zur Verfügung – Strategien, mit denen wir unserer Angst begegnen und ihre Energie in positive Bahnen lenken können, was uns schliesslich zu reiferen Menschen macht.

14 x 21 cm / Pb. / 160 Seiten / 7 Abb. / ISBN 978-3-906881-01-0

Weitere Bücher der Edition Astrodata

Erhältlich in Ihrer Buchhandlung

Christl Oelmann

Macht und Ohnmacht im Horoskop

Astrologische Deutung – psychologische Hilfe

Wir alle wollen mächtig sein – und wir alle sind mächtig, jeder auf seine Art: Der Erste mit einer Schwäche aus der Ohnmacht heraus; die berüchtigte Macht der Schwachen. Der Zweite, indem er seine Macht an Mitmenschen missbraucht und sie zu Opfern macht. Ein Dritter, indem er manipulierend die Fäden zieht und andere zu Marionetten macht. Und dann gibt es noch diejenigen, die sich ihrer Macht und ihrer Freude an Macht bewusst sind und sie in Verantwortung für das eigene Handeln leben, um für sich und andere viel zu bewirken …

Dieses Buch beschreibt, wie Macht und Ohnmacht sich auf vielfältigste Art im Horoskop zeigen, welche Auswirkungen dies auf die Persönlichkeit hat und wie Macht in positiver, lebensfördernder und bereichernder Weise im Leben eingesetzt werden kann.

14 x 21 cm / Pb. / 256 Seiten / 19 Abb. / ISBN 978-3-906881-05-8

Christl Oelmann
Die karmischen Absichten der Seele
Eine vollkommen neue Art der astrologischen Selbsterkenntnis
Edition Astrodata